たなかれいこ的
つぶやきレシピ

ネギ坊主は、天ぷらももちろんおいしいけれど、オリーブオイルでソテーして後は醤油をジュッ！が、面倒がなくご飯もすすむ。〔ネギ坊主のソテー醤油仕上げ〕 5月23日

醤油や味噌は料理の味わいに満足度を与え、腸内有用菌を増やし、オマケに、お腹＝腸からあたためてくれる優れた伝統調味料。

レーズンを熱湯でふやかし、水分を取って包丁でペースト状に。おろし玉ねぎ、オリーブオイル、アップルビネガー、塩、醤油を加えて混ぜ合わせる。ひじきを水でもどして水分を切って加え、同じくもどした春雨も加えて混ぜ合わせる。〔ひじきと春雨のレーズン和え〕 6月25日

水は生命にとってもっとも大切。水の質に気をつけると料理やお茶の味がよくなり体の細胞もイキイキします。

いんげん、おかひじきをそれぞれ蒸し煮。粗熱がとれたら食べやすいサイズに切り、合わせてボウルへ。オリーブオイルを入れて混ぜる。粒マスタードと塩も加えて混ぜる。〔いんげんとおかひじきの粒マスタード和え〕 7月16日

つるなしインゲンを蒸し煮にして食べやすい長さに切り、フラックスシードオイルとチアシード、醤油、昆布出汁で和え物に。〔いんげんチアシード和え〕 7月22日

オクラを少量の熱湯で蒸し煮にし、冷まして切る。ちりめんじゃこをオリーブオイルでカリカリに炒める。ボウルでふたつを合わせ、

オリーブオイルで和えて醤油を少々たらす。ご飯のお供に。〔オクラカリカリちりめんオイル和え〕 8月5日

お米を食べると、お腹から体があたたまり、元気が出てきます。小麦は逆に体が冷えてしまいます。

白菜は繊維にそって、玉ねぎは薄くそれぞれ切ってボウルに入れ、塩を加えよく混ぜ合わせる。水分が出てきたらレーズン、オリーブオイルを混ぜる、アップルビネガー少々をよく混ぜる。最後に水でもどしたチアシードを添える。〔白菜と玉ねぎのサラダ〕 11月4日

かぼちゃを蒸し煮。熱々のうちにオリーブオイルをたっぷり入れ、玉ねぎのスライス、塩、アップルビネガーを加えて混ぜ、麻の実を添える。〔かぼちゃの蒸しサラダ〕 11月19日

オリーブオイルは光で劣化します。照明が当たりっぱなしの店頭の物はどうでしょうか？ また、オメガ3系は要冷蔵です。冷蔵陳列されている物を選んでください。

冷蔵庫で眠っていたキャベツとニューフェイスの芽キャベツ、人参、ちびカリフラワーを土鍋で蒸し煮。オリーブオイルをたっぷりからませ、マスタードと醤油で温サラダに。パクパクいけます！〔蒸し野菜のマスタード醤油和え〕 12月24日

電子レンジは食べ物を分子レベルで壊してしまうので、どんなに上質な材料を使ってもムダ。変質した食べ物を食べ続けるとさまざまな健康障害が引き起こされます。

人参を厚めに切って蒸し煮。熱々のうちにオリーブオイル、混ぜる、塩を加えて混ぜる、醤油数滴、混ぜる、黒すりごまをたっぷり加えて和える。〔人参の黒すり胡麻和え〕 3月17日

砂糖は太るだけではなく、体のカルシウム、ビタミン等を消耗してしまいます。また、腸内の悪玉菌のエサになります。

かぶを大きめの一口大に切り、蒸し煮。すっかりやわらかくなったら、熱々のうちにオリーブオイルをたっぷり加えて、混ぜる、ケッパーの塩漬けをみじんに切って加え、よく混ぜ合わせる。〔かぶの蒸し物ケッパー塩仕上げ〕 3月17日

塩はほんとうに大切！ ちゃんとした海塩を使うと料理の味が簡単にアップするだけでなく、体のベースができるのです。体がまわる感じになります。恐れずおいしいと思うだけ使いましょう。

無農薬無肥料のエレガントな香菜を楽しみたくて春雨のスープ仕立てに。たっぷりの香菜、ネギ、ネギ味噌などお好みでトッピング。〔春雨の汁物〕 5月1日

ふきをゆで、皮をむきオリーブオイルで蒸し炒め。鰹節パウダー醤油仕上げ。これを釜あげうどんにのせ、長ねぎ、オリーブオイルと和える。何もいらない旨さ。〔釜あげうどんふき炒めのっけ〕 5月3日

5分づき米は玄米と白米の中間のお米。糠と胚芽も半分ついているのに、白米感覚で白米より味わい深くどんなおかずにも合います。

春はレタスとウドの季節！ レタスを洗い水けを布などで完全に取り、手でちぎる。ウド、玉ねぎを薄切りにして加える、オリーブオイルを加え、よく混ぜ合わせる。塩、アップルビネガーを加え、そのつど混ぜる。煮小豆、

麻の実を加えて混ぜる。〔レタスとウド、小豆のサラダ〕 5月4日

腸は共生している微生物（腸内フローラ）と協力をして、「消化・吸収」「ビタミン・酵素・ホルモンの合成」「解毒」「免疫」「排泄」の働きをしてくれています。腸が苦手な添加物、重金属、環境ホルモン、農薬などを避けた食べ物を選ぶことは、腸の健康、ひいては全身の元気に不可欠です。これらを少しずつ避けてみてください。きっと1ケ月、半年後にちがいがでてきます。

ふき、キャベツ、絹さや、ウドなど、ほぼ同じような物ばかり食べている昨今。絹さやとウドの蒸し炒め、今日はバルサミコと醤油で仕上げてみたところ、これもイケました。おいしかった！〔絹さやとウドの蒸し炒め塩醤油仕上げ〕 5月11日

牛乳、乳製品は牛の赤ちゃんのもの。人間が食べると乳製品からのカルシウムを吸収できず、逆に体からカルシウムがうばわれてしまいます。この現象はミルクパラドックスと言われています。

煎った金ごまをあたり鉢ですり、いったん取り出す。ふきを下ゆでして皮をむき、切る。あたり鉢に入れ、オリーブオイルを混ぜ合わせる。鰹節パウダー、長ねぎのみじん切りを加えて混ぜる。醤油を混ぜる、ごまを戻し入れて和える。〔ふきのごま鰹節和え〕 5月13日

昆布出汁（水）を沸かし、鰹節パウダーと醤油で味をととのえ、がんもと下ゆでしたふきを入れ煮含める。今夜は家族がバラバラごはん。また温めるだけで後で帰る連れ合いにもおいしく食べてもらえる煮物はラクだなぁ。〔ふきとがんもの煮物〕 5月15日

久々の休日、一人ごはん。小さな片手鍋に

少量の湯を沸かし、つぼみ菜をゆらゆらゆで上げ、熱々のうちに切ってオリーブオイルで和える。お醤油だけでゼツおいしい！　春の勢いをいただきます。［つぼみ菜のゆで上げオイル和え］ 5月18日
＊つぼみ菜はアブラナ科の野菜のとう立ちして花のつぼみのついた先っぽ

油も生理的に必要な食べ物。でも気をつけないと、体にマイナスなトランス脂肪酸がほとんど。サラダオイルなどはNG。それらは化学物質で溶かしている油、生理的には合いません。物理的に圧搾した昔ながらの油を選びましょう。

キャベツをザクザク切ってお鍋にぎゅうぎゅうに押し込んで水を入れ、フタをして蒸し煮。キャベツがクタッとなってきたら火を止め、オリーブオイルをたっぷり回す。粒マスタードと塩を加えてよくかき混ぜる。キャベツの甘みとやわらかな酸味、さっぱりしていていくらでも食べられる感じ。［蒸しキャベツ粒マスタード和え］ 5月24日

年中、一日のはじめの食べ物は昼時のサラダ。今の時期はリーフレタス類、クレソン、ルッコラ、ラディッシュ、キャベツとグリーンサラダの顔ぶれも賑やか。加えてアボカド、玉ねぎ、煮小豆、ブラウンマッシュルーム、アサイーパウダー。オイルはオリーブ、フラックスシードオイル（レモンフレーバー）、パンプキンと醤油がお気に入り。［春のサラダ］ 5月25日

料理に砂糖・みりんを使うのをすぐやめられないときは、本物のはちみつ、米あめ、メープルシロップ、ココナッツシュガーを砂糖のかわりに使って徐々に減らしてみてください。もし、みりんを使うなら、もち米から醸造された本物のみりんを。

スナップエンドウ初物。鍋にオリーブオイル、湯気がふわっと出たらしょうがを炒める、火が入ったらスナップエンドウ、豆腐を投入してフタ。途中ひっくり返す。火が入ったらにんにくオイル、塩を入れてかき混ぜ、溶き葛

粉を入れてかき混ぜ、葛に透明感が出たら出来上がり。〔スナップエンドウと豆腐の蒸し炒め〕 5月25日

鍋に煮干しと水を入れ、加熱。出汁が出たら、つぼみ菜と揚げを入れ、火が通ったら醤油。クツクツ味を含ませ、出来上がり。〔つぼみ菜の煮浸し〕 5月27日

リーフレタスにオリーブオイルをかけ、ポリ手袋をして混ぜる。長ねぎのみじん切りをいっぱい混ぜる。胡麻油をもむように混ぜ、ゆで上げた春雨、醤油をたっぷり加えてもむように味を回し、すり胡麻を加えて混ぜる。手元で、各自好みで酢を加える。私は酢いらず。胡麻油と醤油はたっぷりで。〔リーフレタスのナムル風〕 5月27日

醤油の原料は「大豆、小麦、塩」、これらが微生物の働きによって1年〜3年かけておいしい醤油ができます。醤油の香りには、りんご、バナナ、バラ、コーヒーと同じ成分が。旨みは20種類程度のアミノ酸がかもし出します。アミノ酸とブドウ糖が微生物の働きで変化をして醤油の色が生まれます。安く売られている醤油は、微生物の働きではなく化学的に短時間でつくられます。微生物の働きで醸造された醤油は血圧を下げたり、胃液の分泌をうながしたり、精神を安定させたりしてくれます。まさにおいしく食べて健康に！

鍋にオリーブオイル、茎にんにくとしょうがの薄切りを入れ、かき混ぜる。フタをして火にかけ、熱が上がってきたら、葉大根を入れてかき混ぜる。8割くらい火が通ったら、少し多めに塩を入れ、かき混ぜてフタをする。すっかり火が通ったら出来上がり。なんてことない炒め物が深くおいしい。〔茎にんにくと葉大根の蒸し炒め〕 5月28日

料理をするのも面倒なときは、体が疲れているってことで、細胞に必要な物が行き渡っていない状態です。まずお湯＋醤油をしょっぱいくらいにして飲んだり、本物の梅干しを食べてお湯を飲んだりしてほっとしてみてください。力が少しわいてきます。ユメユメ甘い物や冷えたビールはブー！

今日も間引き大根と葉っぱで炒め物。大根と葉っぱを胡麻油で蒸し炒め。絹さやとがんもを加え、さらに蒸し炒め、具材に火が通ったらにんにくオイル、塩2種を合わせて仕上げ。〔絹さやとがんもの炒め煮〕 6月1日

鍋にエリンギ、えのき、茎にんにく、煮干し、水を入れ、蒸し煮。出汁が出たら、スナップエンドウ、豆腐を入れ、火が通ったら、塩、粒マスタード。〔スナップエンドウのスープ仕立て〕 6月13日

＊スナップエンドウはよく煮て、さやから豆が出るくらいがおいしい。

かぶを厚めに切って塩を回し、かぶから水分が出るのを待つ。水分を別にし、オリーブオイルを加えて混ぜ合わせる。 別にした水分はお湯を入れて飲むとあたたまる。 冬のものに比べちょっと苦味があるかぶも、塩で旨さが引き立ち、バリバリ食べられる感じ！ 塩を梅酢にかえても。〔かぶの即席漬け風サラダ〕 6月13日

梅は案外にスーパーフードなのです。たんぱく質、脂質、カルシウム、鉄、リン、ビタミンや、8種程の有機酸が含まれていて、これら有機酸はカルシウムの吸収をよくしてくれたり、疲労要素を排出してくれます。梅干しはしっかり塩を18%程使ってつくられた本物だからこそ、これらの効果を得ることができます。

スナップエンドウを蒸し煮。熱々にオリーブオイル、塩、松田のマヨネーズ辛口、豆腐、玉ねぎで和える。 たまにマヨネーズもよかった。〔スナップエンドウの豆腐和え〕 6月17日

たなかれいこ

食のギャラリー612代表。

自らの経験にもとづき「たべもので美しく、健康に。」を提案している料理家。

1952年6月12日神戸生まれ、札幌育ち。CMスタイリストを経てNYに遊学。滞在中「自然食」に興味をもつ。その後ケータリングサービスで起業。南青山にレストランを開業。現在は無農薬／無肥料で育った野菜を中心に使い、本物の食べ物にふれて、つくって、食べて、知る教室「612食べ物教室」を、また、食べ物の力で体と心をオーバーホールする集中講座「自分の体を見つめる講座」などを主宰。2000年より東京と行き来しながら長野県蓼科の612ファームにて無農薬／無肥料、不耕起栽培のファーミングで野菜を育てている。蓼科では不定期で「畑と森のたべもの教室」も開催。月に一度、札幌で一人暮らしの95歳の母のもとへ通い、高齢者の「たべもので健康に」をサポート、また札幌では不定期にお話し中心の「てるこや@さっぽろ」を開催している。

著書に『穀物ごはん』（青春文庫）、『たべるクリニック』『食べると暮らしの健康の基本』（ともにmille books）、『生きるための料理』『腸がよろこぶ料理』（ともにリトルモア）などがある。

www.612co.net

腸《ちょう》からあたたまる
たなかれいこ的《てき》
料《りょう》理《り》のきほん

著者 ———— たなかれいこ
撮影 ———— 長野陽一
アートディレクション —— 有山達也
デザイン ———— 岩渕恵子（アリヤマデザインストア）
著者補助 ———— 小森美貴（食のギャラリー612）
編集 ———— 赤澤かおり

発行者 ———— 今田 俊
発行所 ———— 朝日新聞出版
〒104-8011 東京都中央区築地5-3-2
電話 (03)5541-8996（編集）
(03)5540-7793（販売）

印刷所 ———— 株式会社シナノパブリッシングプレス

Published in Japan by Asahi Shimbun Publications Inc.
ISBN 978-4-02-333229-4

定価はカバーに表示してあります。

落丁・乱丁の場合は弊社業務部（☎03-5540-7800）へご連絡ください。

送料弊社負担にてお取り替えいたします。

腸からあたたまる たなかれいこ的 料理のきほん

たなかれいこ

朝日新聞出版

はじめに

塩シャケとラーメンなら好きで、それ以外はまったく食べることに興味がなかった子供時代。幼稚園の頃からの薬づけで食欲がそがれていたようです。それが高校のとき、自ら薬をやめてしばらくすると、徐々に食欲がわき、母の元を離れて東京で暮らし始めた学生時代には友達から「食魔」とあだ名をもらうほど食べることに夢中になっていました。自炊を始めるにあたり、料理本を1〜2冊求めてみたものの、元来の面倒くさがりでレシピの通り手順をおったり、分量を計ったりすることなく作る日々。そのうちまったく料理本を見ない自己流で料理をしていましたが、案外おいしくできるものです。

　結婚直後から家の食事班と同時にケータリングの業態で食の仕事を始めました。それは自分が知ったおいしい食べ物をみんなに知って欲しいなという気持ちと同時に、おいしい食べ物をシンプルに生かす料理法をしている人がいなかったため、自分でするしかなかったからです。食べ物、食材が本来持っている力強いおいしさ。これは味付けをどんなに工夫するより奥深く、それを引き出すだけで日々の食卓は満足なものになります。今年で結婚36周年、食べ物の仕事も同じく。こんなに長く続いたのは食べ物の力に頼ると、料理は簡単に作れ、おいしく、そして美しく、健康に導いてくれたからだと思います。

　こんな私の経験から生み出された「料理のきほん」を本書では余すことなくお伝えしたいと思います。

「あ〜、おいしい!!が大切」

私は今日何を食べようかなと思いを巡らすときに、栄養を考えたことがありません。毎月の教室の献立をたてるときも栄養とかではなく、今のおいしい食材をどうしたら今の季節においしい料理になるかだけを考えて組み立てます。レシピの料理名の後にある〝○〜○月〟は、この頃にこの料理を作ると、よりおいしく、体にもぴったりですよ、という目安です。

野菜が本来の季節にのびのび育つと、細胞レベルで元気で味わいも深く、おいしくなるのです。ですから、季節の先取りや季節はずれのものではなく、旬の野菜を使うことが一番大切。私たちの体も季節に呼応していますから、今の旬のものがおいしく感じるものなのです。そして、旬のものを食べると、「おいしい！」ではなく、心の底から自然に「あ〜、おいしい!!」と湧き出るように感じます。私たちの体は机上で栄養計算したものではなく、食べ物そのものの細胞レベルの元気さ、エネルギーをいただいて自分の細胞に変換していっているのですから。

「『気持ちいい！』がおいしく料理をするきほん」

初めて私の教室に参加される方が、包丁で何かを切るときは、思いっきり力で押し切り、まるで食材と格闘しているよう。切るときのきほんは押し切りではなく、包丁全体を使ってスースーッと動かすと、力いらずでスパッと切れ、切り口もピカピカ、そしておいしく仕上がります。包丁をスースーッと動かして切ると気持ちがいい！のです。私は料理を習ったことがなかったので、自分が気持ちよく、ラクに切れる仕方を自然にしていました。元々快楽主義なので「苦」の文字がニガ手、いつもラクな方向を目指しています。教室の生徒さんもやがて、スースーッと切ることが身につき、忙しい人ほど切ることが好きになります。今や、ストレス解消に野菜を切る人が続出

です。力ではなく、スースーッと包丁に切ってもらうようにすると疲れないので、高齢になっても自活して自分のごはんを作ることができます。そのために、少々お高くても一生の道具の、よく切れる包丁を手に入れてください。

「おいしくなあれ」

結婚して家のごはん作りと同時にケータリングサービスやレストランと仕事でも料理を作り続け、いつも「おいしい！」と好評でした。特に海外でのお仕事も経験し、日本の有名レストランも食べつくしているような方々ほど、「おいしい！」と言ってくださっていました。いつも思うのは、あー、食べ物の力だなということ。私は自分が料理が上手だと思ったことはありません。でも食べ物の力を信じ、頼りに、〝おいしくなあれ〟といつも心で思いながら作っています。時間がないときもお腹が空きすぎているときも、ザツな心ではなく、おいしいものが食べたい一心で〝おいしくなあれ〟と思いながら作ります。料理がニガ手な人もうまく作ろうと考えないで〝おいしくなってね〟と野菜や醤油に心で話しかけて作ってみてください。きっとうまくいきますから。

「まず調味料から」

料理を初めてする方、ベテランだけど、あらためて〝カンタンでおいしい〟を目指す方は、まず調味料からひとつずつ変えていくと、おいしく料理をすることの助けになります。野菜はスーパーのものでも、季節のものを選ぶと、細胞レベルで元気でおいしくなります。

「分量はテキトーがいい」

私の教室のレシピには材料の分量が書かれていません。今回この本のレシピも分量

はなしにしてみました。そのほうが自由に料理がふくらむからです。同じ料理でも、作るときが涼しい日か暑い日かで、塩や醤油の量は2〜3倍もひらきが出てきます。また、食材そのものの味わいによっても変わってきます。作る人、食べる人の体調によっても、〝おいしく決まる〟分量は違ってきます。私のレシピは、この材料でこの調味料はぴったりこの量でこの味、というものではありません。調味料も作る人、食べる人が心からおいしい！と感じる量がテキトーです。「テキトー」って悪い意味ではなく、量らずも塩梅ができる、すばらしい五感の使われ方なのです。本書では、このレシピには目安の分量があったほうがいいかなと思えるものには提案としての分量をのせてあります。後は味見をしながら、あなたにぴったりのおいしさになるように、テキトーにしてください。

「火加減もテキトー」

弱火で15分。といってもほんの少しの火加減で鍋の中の様子は変わってきます。私の加熱料理法ははじめに火にかけ、鍋と中が熱くなったら、弱い火で具材にすっかり火を通し、再び鍋の中の温度を上げて調味することが多いのです。そんな感じをイメージしていただき、急いでいるときは強火からはじめても、余裕のあるときは中火からでも、大丈夫。多少の味わいの違いは出てきますが、その時々でテキトーでよいのです。

「料理の完成は食べる人が」

家族でも、愛し合っている恋人でも、体が別々なので、求める味わいも違ってきて然りなのです。同じ人でもその日の天候、行動によっても変わってきます。料理をする人は自分が食べたいという料理を自分好みに仕上げるのが一番おいしくできます。

食卓を囲み食べる人は、料理に物足りなさを感じたら自分の器で塩や醤油などを加えて完成させて食べると、舌も体も満足します。卓上に塩や醤油などを出しておくこの方法は、ともするとお行儀が悪いと思われますが、「おいしく食べて美しく健康に」という料理のきほんからは、とても合理的なことなのです。

「肉・乳製品は使いません」

私自身、肉を食べない実験を始めて4年目になります。発端は、犬の家族ができ、彼らも感情・思考があり、人間と変わらない生き物であるということがわかったこと。同時に現在の牛、豚、鶏といった畜産動物といわれる彼らを生み出す現場の状況を知るにつけ、また、食べさせられているエサと薬品を知るに至り、人間にとっても口にしてはマイナス要因が大きすぎると思ったのです。動物を殺して食べることは「悪」とは思いません。野生肉食動物が他者を獲物として狩りをし、躊躇なく食べることは当然です。しかし、現在の畜産の状況はひどすぎます。

私は手に入れようと思えば、こうした所のものではなく、エサも安全で薬品も使われていないオーガニック系の肉を求めることができます。4年前まではそういった肉を食べていました。でも、もし私が肉を使ったレシピを公表すれば、読者の方が材料としてスーパーなどで肉を求めると、それは健康をそこねるマイナス要因が大きい。それは心が痛みます。

私たちが何を食べるのがいいかは、腸がこたえてくれます。私たち、アジア、日本に暮らす人々は〝穀菜食〟が合っていると腸内細菌たちは教えてくれます。実際、私の体の状況を波動共鳴診断器で検査をしてもらったところ、腸内細菌叢《そう》（腸内フローラ）のバランスがよく、栄養バランスもよいという結果でした。私はベジタリアンで

はなく、たま～に魚や卵を食べます。ですが、食欲のベースは野菜、ご飯粒に向きますので、ほとんど野菜料理です。精進料理とは異なり、かなりボリューム、コクがあるレシピなので、男性にも人気が高く、わが教室の生徒さんたちには肉の登場が減り、野菜がおいしく、体の状態もよくなったと好評です。

　どうぞ本書のレシピで新たな野菜のおいしさ、可能性を体験してみてください。

「男子もね」

　料理は女子がするものでもありません。男子もちょっとした料理がご自分でできると心が自由になると思います。そして体も整えられます。男子が料理で自立ができたら、女子も楽になり、笑顔が増える。そうするとご家庭も世の中もゆとりができるのではないでしょうか。子供たちも料理に参加してみてください。本書は料理初心者でもトライできるカンタンなレシピが中心ですから、男子もね、どうぞご活用ください。

　現代はまったく料理をしなくても食べ物には事欠きません。でもそれは本当に心と体を育む食べ物でしょうか？

　本書の料理のきほんは正統派？のそれではありません。私が30数年の経験で行なってきたこと、そして教室でみなさまにお伝えして料理を作るハードルが下がったと言われたことです。食べることは日々のことです。面倒なことは続きません。本書のきほんを参考になさって、まず、試してみてください。気軽に電車の中などで見ていただき、今の季節はこれを使えばいいのね、冷蔵庫にあるアレをかわりに使えばこの料理ができるかしら、といった具合に、レシピは読み流してご自分流にご活用いただけましたら幸いです。たなかれいこ的料理のきほんが、もっと日々料理をするということのハードルが下がるお手伝いになりましたら、うれしい限りです。

腸からあたたまる　たなかれいこ的　料理のきほん　もくじ

「料理をする前にお読みください」

・レシピは作り方 → 材料 → コツの順に見てください。
・レシピは一動作ごとに番号をふっています。一度ざっと目を通し動作をシミュレーションしてみてください。
・火加減やタイミングなど「コツ」をレシピの補足として見てください。
・コツは私が教室でお話ししている感じで書き起こしています。
・材料には分量を記載しておりません。ご自身の食べたい量、あるいはご家族の人数によってちょうどいい量で料理なさってください。調味料に関してはおいしいと感じる量が適量です。その日の感じ、季節によっても違うと思うので。自分が求めている味わいを探してみてください。
・レシピ内に「よくかき混ぜる」など「よく」という言葉が出てきたら、本当に「よ〜く」してください。格段においしく仕上がります。
・加熱調理は基本的に鍋にフタをします。
・野菜は基本的に皮をむきません(里芋、八つ頭、長ねぎ、玉ねぎは除く)。
・レシピにある◯〜◯月の表記は食材の旬、または作って食べて欲しい時期の目安です。素材とレシピの組み合わせでそれぞれ微妙に違うので、参考にしてください。

腸からあたたまる

きほんの基本

調味料とは

塩、醤油、味噌

私たち人間には、塩っけがあるとおいしいと感じる生理が備わっています。塩、醤油、味噌などの調味料は、素材のえぐみやアクを抑えつつ、甘み、旨みを引き出して全体の調和をとってくれます。同じ塩っけでも、季節や食材、体調によって塩にするか、醤油か味噌か、または合わせて使うか変わってきます。

春先は鰹出汁に塩と醤油を半々ずつ、夏の初めは塩だけですっきりと。残暑の頃は醤油をきかせて、寒の頃は味噌でぽってりが合いますが、法則はありません。そのとき食べたい塩っけがぴったりなはずですから。基本的な塩っけの調味料にバルサミコ酢などの酢と油があれば、和風から中華、イタリアンまで、さまざまな料理ができます。スパイスやハーブがあったらメリハリがつきますが、基本はなくても大丈夫です。

塩、醤油、味噌は〝本物〟を選ぶと、自分が欲している量を、恐れずに使うことができます。また、使用量は、季節やその人のその日の活動状況によって変化しますから一定ということはありません。不安なときは味見をこまめにするとよいでしょう。

きほんの調味料

酢と油

（酢）

酢（白バルサミコ酢、バルサミコ酢、アップルビネガー、香醋《こうず》）は、使う量によって酸味をきかせる料理にもなり、醤油と合わせ、ほんの少しだけ加えることで醤油の味わいをまろやかにして料理に奥ゆきを与えてくれます。その量は数滴から小さじ1〜大さじ1くらいの量です。

（油）

油は必ず良質のものを選ぶこと。そうすると、ほとんどの料理の味わいや仕上がりがアップします。ただし、せっかくの良質なものでも保存の仕方によっては劣化します。オリーブオイルは光で、オメガ3系のオイルは温度で、それぞれ劣化します。なたね油や胡麻油は暗所で、比較的長期保存が可能です。オリーブオイル、なたね油、オメガ3系の3種を基本の油として常備しておくと、味わい的にも体にもよいでしょう。

外国の酢、味噌、醤油と好相性
バルサミコ酢
香醋
アップルビネガー
白バルサミコ酢
良質のオイルを恐れずに使うとおいしくなる
オリーブオイル
フラックスシードオイル
（亜麻仁油）
胡麻油
なたね油

使う量と組み合わせ

塩＋醤油（塩に醤油を加える場合）

○煮物、汁物

1　塩をベースにする場合

塩を入れて味をみて、それで十分においしい状態まで塩を入れます。そのうえで、醤油をほんの少し加えると味わいがまろやかになります。

2　塩と醤油を塩分として半々に使う場合

塩を先に入れ、溶けてから醤油を加えます。

3　塩をほんの少し、またはひとつまみ入れてから醤油で味を決める場合

ほんの少しの塩が味を引き締め、醤油の味わいを生かします。

＊いずれも具材に火が完全に通ってから調味料を加えます。

◯出汁との相性

１煮干し出汁の場合

塩をベースにし、味をみて、塩加減が決まったら醤油をほんの数滴加えます。酸味を加える場合はこの後に。具材により醤油だけでももちろんＯＫ。

２鰹出汁の場合

塩をほんのひとつまみ入れ、醤油で味を決めます。醤油だけで調味してもＯＫです。お吸物などは塩ベース、醤油を数滴の場合もあります。

３昆布出汁の場合

塩と醤油半々で調味するとほどよくまとまります。全体としてあまり塩っけを加えず具材と昆布出汁の優しい味わいを生かします。

塩、醤油（塩だけでもいいし、醤油を加えてもいい場合）

○焼き物、炒め物

野菜の場合は、ほとんど火が通ったら最後に塩、醤油を加えます。具材によって塩か醤油かは相性で決めますが、おおむね夏の具材は塩、冬の具材には醤油が合います。

○ソテー

両面に焦げ目がつき、中まで火が通ったら塩または醤油を加えます。醤油にバルサミコ酢などの酢を合わせて使う場合は、あらかじめ合わせておいてから使うとうまくいきます。

酢＋醤油、酢＋味噌など

（酢＋醤油）

酢の酸味をきかせたいけれど、まろやかさも欲しいときは、醤油を合わせると酢の角がとれてやわらかくなります。

（酢＋味噌）

味噌ばかりで調味をすると単調になりがちなときに、バルサミコ酢、白バルサミコ酢、アップルビネガーなどを少量加えることで味わいに奥ゆきとメリハリが出ます。

アップルビネガー＋醤油で

万能たれ

煮干し出汁と醤油は3：1、アップルビネガー＋おろしにんにく適量を合わせよくかき混ぜる。

季節により割合は変わる。たとえば真夏はアップルビネガーを多くするほうがおいしく感じる。また保存期間を長くしたいときは醤油の量を増やして。煮干し出汁は濃いめにとってください。保存はフタ付きビンに入れ冷蔵。保存目安は２週間〜１ヶ月
＊保存期間は、使うたびにすぐ冷蔵するのと、使用した後もキッチンなどにしばらく放置してから冷蔵するのでは変わってきます。使った後はすぐに冷蔵すると長持ちします。

バルサミコ酢＋醤油、万能たれで

蒸し大根のピーナッツ和え　｜いつでも

① 大根を厚めのイチョウ切りにする。② 鍋に水をはり、1をクッキングシートに包んで入れ、フタをして蒸す。大根がすっかり透き通ったら、シートごと取り出し、ザルにのせて冷ましておく。③ ボウルにピーナッツペーストを入れ、万能たれを少しずつ加えてかき混ぜる。とろっとしてきたら味をみて、足りなければ醤油を加える。続いてバルサミコ酢を加え、よくかき混ぜる。④ 大根葉を薄い小口切りにして、塩を加え、よくもんでおく。⑤ 3に2を加えてよく混ぜ合わせ、器に盛りつけ、4を添える。

材料

大根、大根葉、ピーナッツペースト、塩、醤油、万能たれ（P21参照）、バルサミコ酢

コツ

- 大根は少量の水で直に蒸し煮にしても大丈夫です。煮汁は捨てずに出汁のかわりにピーナッツペーストに加えたり、また味噌汁に使っても。
- ピーナッツペーストは無糖のものを、原材料はピーナッツだけをペースト状にしたものを選んでください。
- 大根葉を塩もみするときは、大根葉の水けを布などでよく吸い取ってから切ってください。葉からジュワッと水分が出るまで、即席漬物を作る感じで体重をかけたりしてもんでみてください。塩もみを保存するときは出てきた水分に浸しておくと長持ちします。
- 大根葉の塩を少し強めにし、食べるときにピーナッツ和えに塩を加える感覚で合わせると、また違ったおいしさが楽しめます。大根葉の塩もみがなくても十分おいしいのですが、大根葉があるときはぜひ試してみてください。
- 万能たれがないときは、醤油とお好みの出汁＋おろしにんにくで作ってみてください。おろしにんにくはほんの少しがオススメですが、お好みで量は加減してみてください。

白バルサミコ酢＋塩＋醤油で

かぶと青菜、厚揚げの蒸し炒め ｜ 10月下旬～3月

① かぶを根の側を上にして1cmほどの厚さに切る。② にんにくを繊維に沿って薄切りにする。しょうがを薄切りにしてさらにせん切りにする。③ 鍋にオリーブオイルを回し入れ、火にかけ、オイルから湯気がふわっと見えてきたら2を加え、かき混ぜながら炒める。④ 続けて1を加えてフタをして蒸し炒め（P54参照）にする。その間に、厚揚げを1cmほどの厚さの一口大に、かぶの葉を4cmの長さにそれぞれ切っておく。⑤ かぶに火が通ったら厚揚げを加え、軽くかき混ぜる。⑥ 続いてかぶの葉を加えてかき混ぜ、フタをして蒸し炒めを続ける。⑦ かぶの葉に火が通ったら鰹節パウダーを加えてよくかき混ぜ、塩、醤油、白バルサミコ酢を加えてかき混ぜる。⑧ 味がととのったら溶き葛粉を回し入れ、全体に行き渡るようにかき混ぜながら仕上げる。

材料

かぶ、かぶの葉、にんにく、しょうが、厚揚げ、オリーブオイル、鰹節パウダー、塩、醤油、白バルサミコ酢、溶き葛粉

コツ

- にんにく、しょうがは火が通ったら、いったん取り出しておくと焦げにくいです。その場合は、かぶに火が通ったところで戻してください。
- 厚揚げのかわりに油揚げでもおいしくできます。
- 油揚げは冷凍しておくといつでも使えて便利。凍ったまま手で割ると、味もしみやすいです。
- かぶに葉がついていなかったら、春菊や小松菜などの青菜を使うとまた別な風味になり、それはそれでアリです。
- 蒸し炒めをしているときに水分が足りなくなった場合は、水を少し足すとうまくいきます。

味噌(豆味噌、玄米味噌)+醤油

味噌に醤油をプラスすることで味噌がやわらかくなり、扱いがラクに。味わいもまろやかになります。

玄米味噌+醤油で

唐の芋のソテー 味噌仕上げ ｜ 11～1月

① 唐の芋を厚めの輪切りにして皮をむき、サイコロ状に切る。② 鍋にオリーブオイルを回し入れ、中火にかける。オイルから湯気がふわっと見えてきたら1を加えてフタをする。③ 片面に焼き目がついたら返し、時々フタを開けて別の面にも焼き目をつける。④ 全体に焼き目がついたら火を弱め、芋の中まで火を通す。⑤ 鍋底の中央をあけて、合わせた味噌と醤油を入れる。⑥ ややして味噌がやわらかくなったら、ヘラで鍋底に味噌をこすりつけるようにしながら芋にからめる。

材料 唐の芋、オリーブオイル、玄米味噌、醤油

コツ
- 唐の芋のかわりに八頭、里芋などでも。
- 玄米味噌は味わい深く、甘みもあってオススメですが、お好みの味噌でも。
- 味噌と醤油はあらかじめ合わせ、スプーンなどでよく混ぜておきます。
- たくさんの量を作るときは芋が重なり、焼き目がつきにくいですが、それでも大丈夫。はじめにオリーブオイルを多めに入れ、芋にオイルを行き渡らせてから調理すると、量が多くてもうまくできます。

玄米味噌＋豆味噌＋醤油で

こんにゃくピリ辛仕上げ　|　いつでも

① こんにゃくの表面に深さ 2㎜ほどの切れ目を2～5㎜幅で入れ、サイコロ状に切る。② 鍋にオリーブオイルと胡麻油を合わせて回し入れ、火にかける。オイルから湯気がふわっと見えてきたら1を入れ、フタをして蒸し炒めにする。③ ボウルに玄米味噌、豆味噌、醤油、コチュジャン、おろしにんにくを入れ、よく混ぜておく。④ こんにゃくの中心まで熱くなったら鍋底をあけ、3を置く。⑤ ややして味噌がやわらかくなったら、ヘラで鍋底に味噌をこすりつけるようにしながら火を入れる。⑥こんにゃくに味噌がからまるようにかき混ぜる。

材料　こんにゃく、オリーブオイル、胡麻油、玄米味噌、豆味噌、醤油、コチュジャン、おろしにんにく

コツ
- こんにゃくは3分ほど下ゆでをしてから使うと臭みがぬけます。
- こんにゃくは、炒める前に布などで水分をふき取っておくとオイルがはねにくくなります。フタをして調理しますが、それでもこんにゃくは水分の多い素材なので、はねは覚悟してください。
- コチュジャンがない場合は粉唐辛子を使ってみてください。

玄米味噌＋豆味噌＋醤油で

ピーナッツ味噌　|　いつでも。殻付きが出回るのは12～2月

① 鍋にオリーブオイルを回し入れ、火にかける。オイルから湯気がふわっと見えてきたら皮付きピーナッツを入れ、ヘラでかき混ぜながら炒める。② 味噌と醤油をよく混ぜ合わせる。③ 1のピーナッツをいったん取り出し、火を止めて2を入れ、フタをして余熱で味噌をあたためる。④ 味噌がやわらかくなったら再び火にかけ、味噌を鍋底にヘラでこすりつけるようにして火を入れる。⑤ 味噌がオリーブオイルとなじんできたらピーナッツを戻し入れ、味噌と合わせるようにヘラで混ぜる。

材料　皮付き炒りピーナッツ、豆味噌、玄米味噌、醤油、オリーブオイル

コツ
- ピーナッツに火を入れるとき、強火だと皮が破裂するので、中火より弱めの火加減にし、こまめにかき混ぜてください。はじめは少しもたつく感じが軽くなったらOKです。
- 味噌に火入れをする時点で、オリーブオイルが足りない場合は足してください。少ないより多めのほうが、おいしくできます。
- 味噌を使う料理の場合、調理が終わった鍋に味噌が焼きついているくらいがおいしくできます。“必ず鍋に味噌がこびりつく”、でもそのほうがおいしくできると覚えてください。

出汁のこと

鰹節パウダー

鰹節（花がつお）は酸化しやすいので冷凍室で保存してください。鰹節パウダーにするときは、冷凍室から袋を出してすぐに、上から手でクシャクシャッと握ると簡単にパウダー状になります。何度かもむと、より細かくなりますので、好みの加減で調節してください。これを使うと正統派的に出汁をとらなくても、簡単に出汁がとれます。また、通常出汁パックに入れますが口の中で気にならなければ、そのまま使って具材として食べても。鍋に加えるときは、グラグラと沸騰してから入れると、臭みのないおいしい出汁がとれます。正統派的にとる場合は熱湯１ℓに花がつお30gを目安に入れ、鰹節が鍋底に沈んだらザルなどでこします。

昆布

ハサミで１×６㎝ほどに切って、水から火入れをします。60℃くらいの低温が昆布の旨みをよく引き出せる温度。この温度で１～２時間火にかけたら、すっかり冷ましてボトルなどに移し、冷蔵室で保存してください。具材とともに煮ても、出汁は得られます。その場合、昆布は５㎜幅ほどの細めに切ります。

そのまま具材と合わせて食べたり、取り出して保存し、野菜とともに煮たり炒めたりして使います。

煮干し

酸化防止剤などが使用されていない新鮮なものを買い求めてください。開封後は冷凍保存がオススメ。放射性物質の問題がありますので、できるだけ骨や内臓などを除いて使います。水とともに鍋に入れ、沸騰してから沸騰をキープしたまま、最低でも15分ほど加熱して濃いめの出汁をとり、具材との相性により薄めて使います。濃いめにとって製氷皿で凍らせ、1個ずつ小分けにして冷凍しておくと便利です。時間がないときは、出汁パックに入れ、具材とともに煮出すのが一番簡単ですね。どちらの出汁のとり方でも、その時々で使い分けてください。

ベジブロス（野菜出汁）

野菜を切るとき、最後の端っこまで切るのは難しいので、手を添えられなくなったところでやめておきます。その端っこをためて、出汁として使います。れんこんの節のところ、にんじんの根っこ、ヘタ、キャベツの芯、さつま芋の端っこなど、とにかくなんでも野菜の切れ端を、クッキングシートを折って、合わせ目をホチキスでとめた袋に入れ、冷蔵保存しておきます。クッキングシートは空気を通すので野菜が呼吸でき傷みにくいのでオススメです。ある程度まとまったら、鍋に野菜をたっぷりの水とともに入れ、1〜2時間ほど煮出します。途中、水が少なくなったら足して出汁をとります。冷ましてからボトルなどの容器に移し、冷蔵室で保存します。料理や味噌汁に大活躍します。このほかに、大根などをゆでたときに出る、ゆで汁もとても味わいがあるもので、捨てずに出汁として使います。また、玉ねぎひたすら蒸し炒め（Ｐ44）や、もやし炒め（Ｐ55）などは、野菜が本来もっている旨み＝出汁を醤油などを入れることで引き出し、自ら出る出汁でさらにおいしく仕上がります。野菜出汁にぜひ注目してみてください。

とにかく端っこを袋に入れておく

野菜の洗い方

スーパーの野菜は、あらかじめ泥や汚れを洗い落としていますが、無農薬野菜や有機野菜、無肥料栽培の野菜を求めるようになると自分できれいに洗う必要があります。面倒なようですが、これからお伝えするような効率のいい洗い方をすることで野菜との対話がはじまり、おいしく料理をするスタートラインにつけると思います。

葉物野菜

畑から届く葉物野菜には根元に土、葉に小さな虫がついていることがあります。流水で洗うより、お湯をためて洗ったほうが効率よく汚れが落ちます。また、すすぎのお湯がきれいかどうかで葉がきれいになったか確認ができます。

根菜

根菜の泥を落とすにはボウルや洗いおけにためたお湯（40〜50℃）に少しでもつけておくと、効率よく簡単に落とせます。葉物を先に洗ってから、根菜を洗うとお湯が経済的に使えます。

にんじん

ちょっと
おくとラク

1

にんじんやごぼう、大根など横に筋の入った根菜は、まず洗剤入りのお湯につけておく。

2

ブラシで優しく洗う。横に筋が入っている根菜は、縦方向ではなく横に洗うと泥がよく取れます(ためた湯の中で洗うと泥が飛ばず、落ちやすい)。泥が落ちたらすすぐ。

じゃがいも

じゃがいもやかぶなど、皮がデリケートな根菜は、ためた湯の中でスポンジやクロスなどで洗う。

葉物野菜

お湯をためて

1

大きめのボウルにお湯(40~50℃)を入れ、洗剤を溶かす。洗剤は口にしても安全なレベルのものを(私は「マザータッチ」を使っています)。

2

葉がすべてお湯の中につかるように上から押して入れる。

3

お湯の中でふり洗いをする。特に根元は広げながらゆさゆさして汚れを落としてください。

4

葉を取り出し、お湯を替えてすすぐ。ボウルのお湯がきれいになるまで繰り返しすすいでください。

*水ではなくお湯を使うのは、そのほうがきれいになり、水切れもよく、洗っている人が手からあたたまり気持ちがいいからです。私は真夏でもこうして洗っています。お湯のほうが断然気持ちがいい！

野菜の保存

野菜は収穫された後も生きています。ですから、野菜の保存の基本は、呼吸して出てくる「水分」を吸い取りつつ、乾燥させないことです。古くなった布巾やテーブルクロスなどの、目の詰まった布で包み〝冷蔵室で保存〟がきほんです。里芋、さつま芋などは常温のほうが保存性がよいですが、水分を取り乾燥させない、という理屈は同じです。

葉物野菜

1

クロスに並べる。

2

クロスの上下を折りたたむ。

3

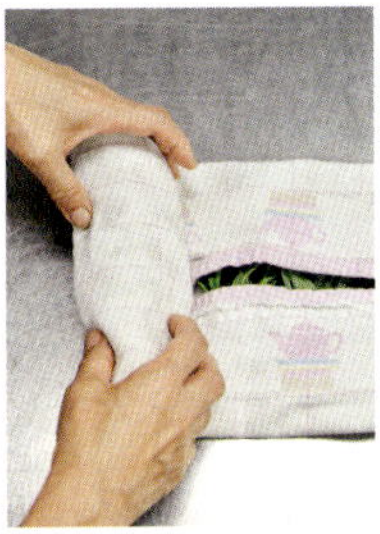

くるくるまるめる。

4

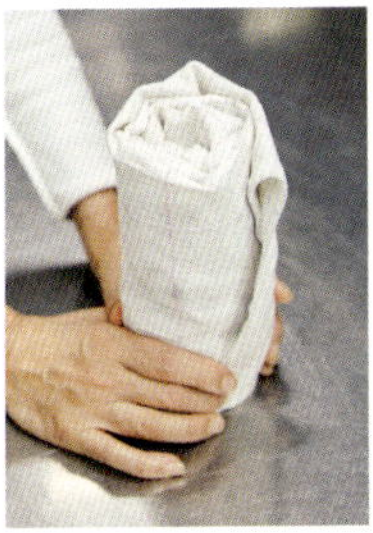

なるべく立てておく。

きのこ類

1

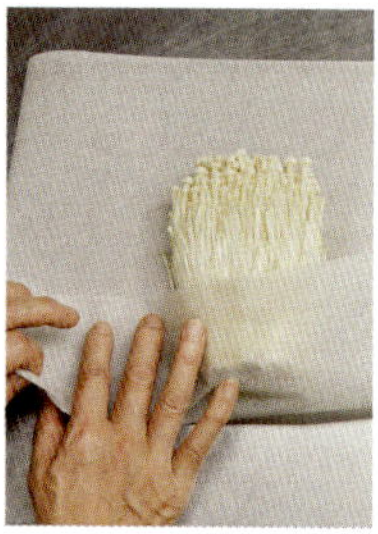

クッキングシートに置き、下を折り包む。

2

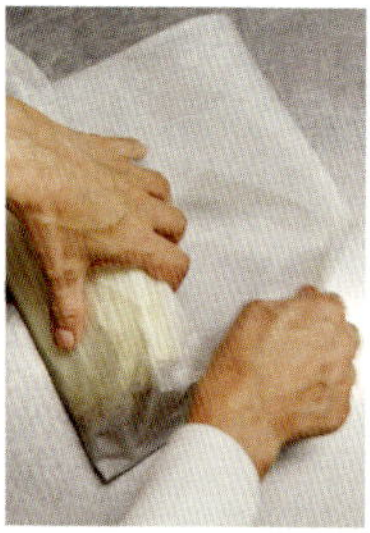

えのきたけは呼吸できるように上を開けてまるめる。そのほかのきのこ類はシートで包む。

3

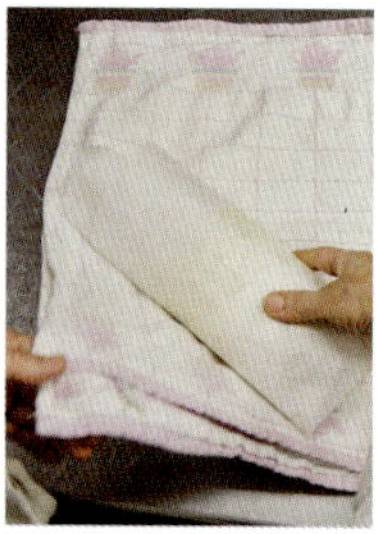

クロスに包む。

4

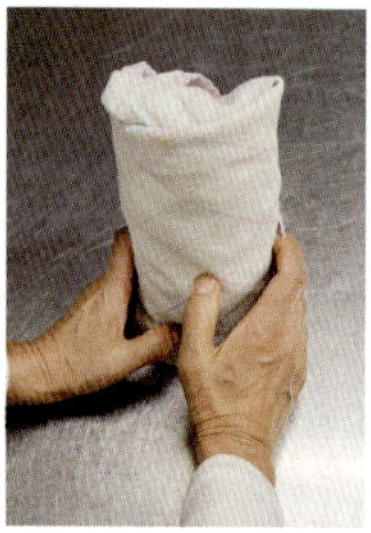

えのきたけはなるべく立てておく。

根菜

1

クロスの中央に置く。

2

対角線の端を持つ。

3

ぎゅっと結ぶ。

4

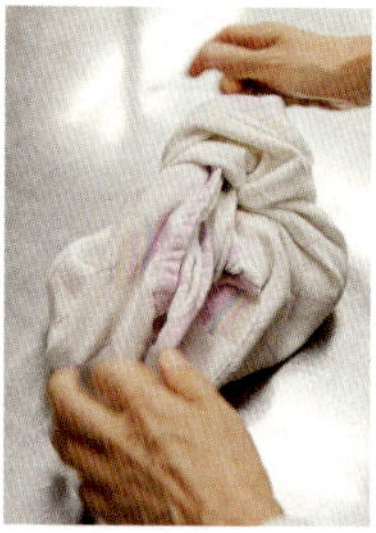

もう一方はゆるめに結ぶ。

包丁の使い方

料理をするとき、食材を切るという作業が発生します。イタリア人のようにまな板を使わず、鍋の上でペティナイフで切るのでもおいしいときもあるので、切り方はケースバイケースではあります。私にとって包丁で食材を切るという行為は、気持ちがいい作業です。よく切れる包丁でスースーッと切ると、脳内で快楽物質が出るらしく楽しくなります。私は、レセプションのケータリングサービスをしていた時代に、何百人分もの食材を切っていたため、疲れず、効率がよく、かつおいしくなる切り方を自然と会得していました。この切り方を教室でみなさんに伝授すると、忙しい方ほどせん切りにハマるという現象が起きました。気持ちがよくなってストレスを発散できるから、らしいです。切れない包丁を使い、力で切っていると、疲れるうえ、切られた食材がおいしく仕上がりません。ちょっとしたフォームと、握り方を覚えて包丁に任せて切ってみると、あなたもせん切り魔になりますよ。

基本の包丁の使い方

切り方

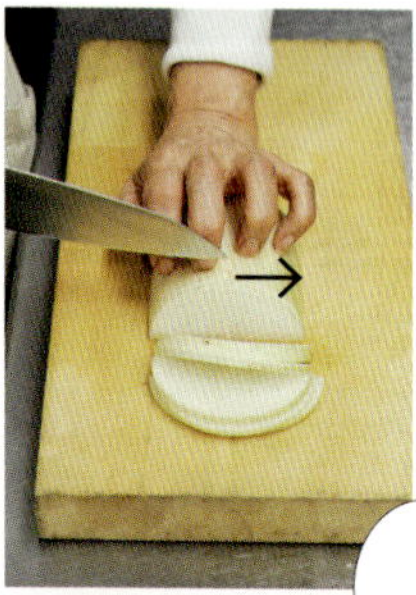

包丁と手首までを一体化させ、肘を後ろに引き、肘から前に向かって包丁をスーッと動かす。包丁の刃、すべてを使うイメージで。

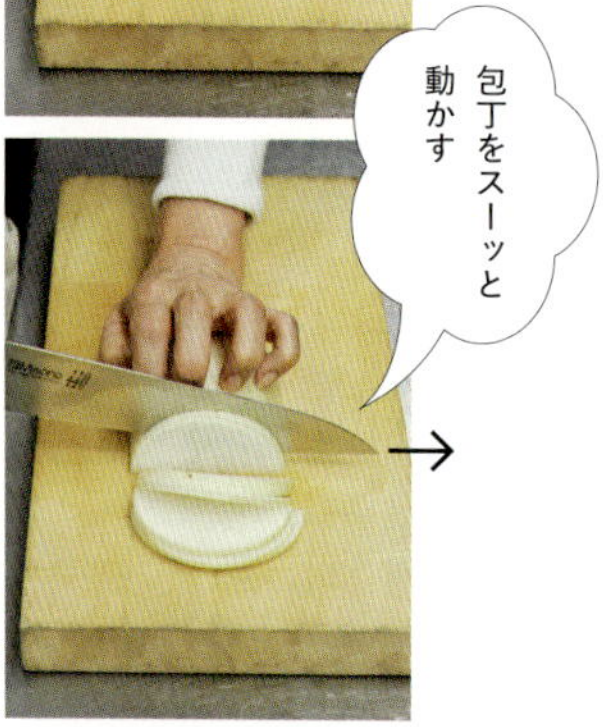

ふく

包丁には野菜のアクがつくので、切っている途中、また切った後は、濡れたタオルで包丁をふく。

握り方

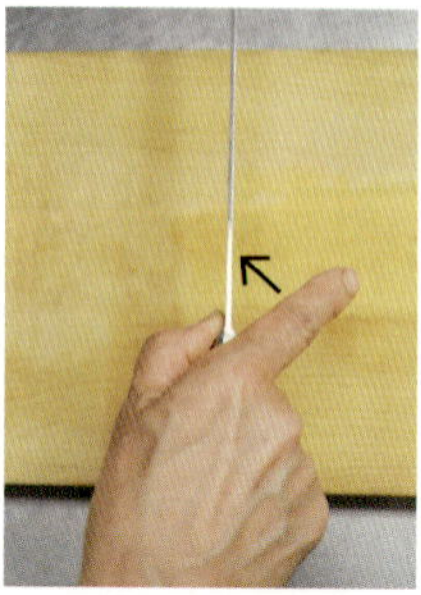

利き手の小指、薬指、中指で持ち手を握り、親指で刃の根元を支え、人差し指をそえる。

素材の押さえ方

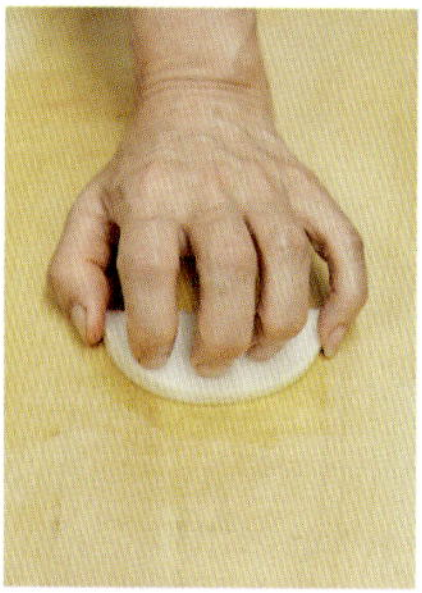

利き手と反対の手の親指と小指で素材の両端を挟み、押さえる。ほかの指は軽く折り曲げ、中指か人差し指の第一関節が包丁の刃の側面に沿うように置く。

かまえ方

お腹をまな板に向けるのではなく、まな板に対して左腰を向けて斜めに立つ（右利きの場合）。左利きの場合は右腰を向ける。

せん切り

せん切りが楽しくできるようになると料理の幅が広がって、調理時間の短縮にもつながり、かつおいしくできます。

これであなたも
せん切り名人

1

まず、食材を斜め薄切りにします。左手で食材をしっかり支え、手のどこかの指が包丁と触れています（写真では親指）。

2

薄切りができたら、少しずつずらして重ねて並べます。

3

左手で食材を押さえ、このとき人差し指か中指の第一関節と包丁が接している状態で、基本の包丁の使い方と同様に、スースーッと動かして切ります。

切り干し大根・きゅうり・玉ねぎのサラダ ｜ 7～10月

① 切り干し大根を水に浸してもどし、ギュッと絞ってほぐす。② 玉ねぎを繊維に沿って薄く切る。③ きゅうりを斜め薄切りにして並べ、さらにせん切りにする。④ ボウルに1、2、3を入れて混ぜ合わせ、オリーブオイルをたっぷり加えて、オイルが全体に行き渡るように混ぜ合わせる。⑤ 塩、アップルビネガー、醤油を順に加え、そのつどかき混ぜる。

材料

切り干し大根、玉ねぎ、きゅうり、
オリーブオイル、塩、
アップルビネガー、醤油

コツ

- 切り干し大根がかぶるくらいまで水を入れ、かき混ぜておくともどりがはやく、水も少量ですみます。もどし汁は味噌汁に入れるなど、ベジブロスとして利用できます。
- 玉ねぎを切ったら、すぐにボウルに入れ、オリーブオイルを加えてコーティングしておくと玉ねぎのえぐみが軽減されます。
- 料理の仕上がりの色をきれいに見せたいときは、醤油を食べるときに加えながらにするとよいでしょう。

食器・鍋の洗い方

後片付けのことを考えると、料理をするのが億劫になりませんか。私は食べ終わったらすぐ洗う派ではなく、食後はゆっくりしたいほうです。そんな私ですが、食べ終わったお皿など食器をウエス（着古したTシャツやキッチンクロスなどをカットしたもの）でふくことだけはしておきます。それだけでほとんどきれいになります。ご飯茶碗はそのままにしておくと後で汚れが取れにくくなりますが、食後のお茶をご飯茶碗で飲むときれいになります。以前は年寄りくさくて嫌でしたが、昔の日本のこの風習はなかなか合理的で、今ではすっかり定着しています。

食器は洗いおけやボウルにお湯をため、洗剤を溶かしてその中でエポクリン加工されたポリエステル不織布を使って洗います。すでにあらかたきれいにしているで、すぐきれいになります。すすぎは流水（お湯）のときも、ため湯のときも。その時々で使い分けています。家族の分だけならため湯で十分きれいになります。

洗剤は野菜を洗うときと同じく、口に入れても安全で、環境を壊さないものを使います。結果、手にも優しく手あれをすることもありません。お鍋もウエスかスクレーパー（ヘラ状の刃物に柄がついたもの）などでこびりつきを取ってから洗います。必要に応じて金タワシも使います。

1

ウエスを作っておく。着古したり、いらなくなったTシャツ、タオルなどを適当な大きさに切ってカゴに入れておく。

まずはウエスでふき取る

2

食べ終わったら、ウエスを使ってすぐふいておく。

3

油汚れは、洗剤を水で薄めたものを、スプレー容器に入れておき、スプレーしてからふくときれいに。

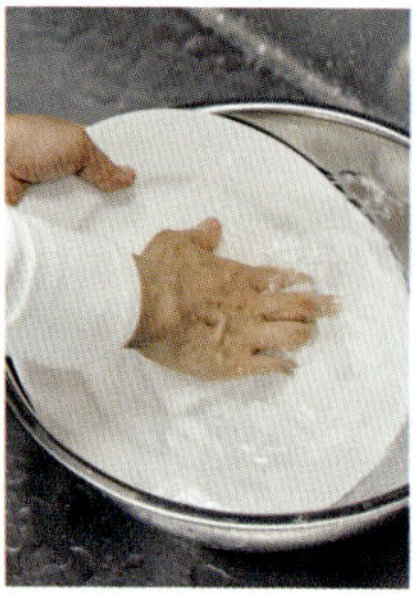

4

洗剤を溶かしたお湯の中で洗い、すすぐ。

季節のレシピで
あたたまる
お料理の実践です

腸からあたたまる

調理のきほん

醤油はダーッと

醤油や塩で調味するとき、味が決まらないとお悩みの方は多いようです。醤油の場合、調理で使う勢いよく出る醤油さしと、食卓で使うスーッと出る醤油さしの二つのタイプがあると勝手がよくなります。調理中、鍋やボウルで醤油を使うときは、あたかも自分の手から醤油が出ているかのように、躊躇せずダーッと回し入れてみてください。ある程度の勢いで醤油が出る醤油さしを使うと、味が決まりやすいです。自分のひと回しがどのくらいの量になるか、味をみながら練習をするとすぐに感覚がつかめます。

また、調理をした人と食べる人の欲する醤油の塩梅は同じではありませんので、各自食卓で加えて使うようにすると、それぞれの味わいに満足度が増し、元気にもなります。

塩は手元で

調理中に塩を加えるときは、指を使います。親指と人差し指でつまむ＝少々＝小さじ⅛くらい、親指と人差し指と中指でつまむ＝ひとつまみ＝小さじ⅕＝1gくらい。これが目安ですが、人により量は多少異なります。私は標準より多めです。自分のつまみ具合をみて使い分けましょう。

塩加減は、慣れないうちは味見を繰り返して感覚を育ててください。塩と醤油では塩が先、次に醤油で調味します。醤油と同様食卓に塩を置き、欲する分だけ、各自手元で料理に加えます。これもまた指でつまんで加えると、そのつど塩のマイナスイオンに触れることになりますし、体の塩分バランスも整います。

土鍋で料理する

土鍋は、ほとんどの調理ができます。軽くて金タワシが使え、耐熱温度幅５００℃という土鍋に出合ってから、私は土鍋に夢中です。

土鍋で調理すると、①なんでもおいしくなります→遠赤外線効果。②加熱時間が少なくてすみます→蓄熱効果。③鍋ごと食卓に出しても抵抗感がありません→洗い物が減る。④土鍋で加熱調理された料理はお腹から体をあたためてくれます→健康になる。⑤金属やフッ素樹脂などの弊害がない→健康被害のリスクを回避できる。

まずは一つお気に入りを見つけて使ってみてください。きっと同じ料理でも味わい深く仕上がります。また知らないうちに体調もよくなります。本書で使用している商品は現在製造されていませんが、似た特徴の土鍋（耐熱性の高い調理土鍋）はインターネットで見つけられますので、ぜひ探してみてください。

火力を使う

なんといっても炎で料理をすると、おいしくできます。炭や薪が理想的ですが、日常では無理ですので便利なガスの炎で料理します。慣れてくると火加減をすることが料理の楽しみにもなります。家の調理器がＩＨ＝電磁調理器などの方は卓上ガスコンロを使ってみてください。おいしさやお腹のあたたまり方が違います。ＩＨや電子レンジは加熱をしません。素材の水分子を振動させることで熱を一時発生させるだけです。

まずご飯を炊く

食事の支度をするときは、まずご飯を炊きます。そうするとおかずは何を作っても落ち着いた献立になります。時間がないときは、炊きたてのご飯だけでも十分です。卵かけご飯でも、塩むすびでも、海苔と醤油でも、味噌でも。とにかくご飯と塩っけを食べてみてください。お腹が満ちてあたたかくなってお腹も気持ちも満足できます。

お米＝ご飯は抱擁力がありますのでどんな料理でも受け入れてくれます。お芋の煮っころがしでも、フライでも、カレー、焼き魚、野菜炒め…、なんでも合います。お米＝ご飯はお腹から体をあたためてくれます。しかも最近の研究から、私たちの腸にすんでいる菌は、お米を食べることで私たちに必要な栄養素を作り出してくれるということがわかってきました。料理のきほんのはじめは、まずご飯をふっくら炊くことからです。

鍋で炊く
5分づき米の洗い方・炊き方

1

水を入れ、手を熊手のようにしてかき混ぜ、すばやく水を捨てる。

2

1を2～3回くり返し、ザルにあけ水を切る。

3

土鍋の場合は、2と、水を米と同量＋½カップ（玄米の場合は＋1カップ）、塩ひとつまみ入れて混ぜ火にかける。

（鍋によりますが、土鍋以外の鍋は米と同量の水で加熱）

4

はじめは強火で、完全に沸騰したら弱火にする。弱火から20～30分で火を止め蒸らす。時間のあるときは沸騰後、極弱火にして50～60分くらい火にかけておくとさらにおいしいご飯に。

ゆっくりゆっくり。とろ火でじわっと時間を味方に

時間がないときは、チャチャッと料理をすませたくなります。でも、はじめは中火よりやや強めの火加減で、鍋も具材も熱くなったら、ぐーっととろ火にし、後は鍋任せにしておくと、なんともいえないおいしさに仕上がります。とろ火にした後はたまにフタを開けてかき混ぜるだけ（この方法は土鍋がベストですが、他の素材の厚手の鍋でも同様にしてみてください）。その間にほかの作業をしたり、２品目の料理に取りかかったりすることができます。〝急がば回れ〟の方式で料理もおいしくなりますし、いいことずくめです。

もし長いこと火を使うことでガス台がふさがってしまうようなら、いったんガス台からおろして布などを被せておくだけでも保温でき、じんわり熱が入ります。私は使わなくなった厚手のタオルやテーブルクロスをこの保温用にしています。

まず具材にオイルを回し、フタをしてじわっと。

玉ねぎをひたすら
とろ火で蒸し炒め。
水を加えなくても
トロトロに。醤油だけで
おいしい一品が

煮物（蒸し煮）のコツ

煮物は、具材を汁と煮ることですので難しく考えないでください。私はもっとも簡単な調理法と感じています。

ストックがあるときは昆布、鰹節、煮干しなどの出汁と煮ますが、出汁をとりつつ具材を煮ることもできます。また、きのこなど具材そのものに旨み成分が多い場合は、出汁を入れなくても一緒に入れた具材とのハーモニーでおいしい煮物ができます。さらに出汁も加えるとますますおいしくなりますが。

出汁は前述のほか、ベジブロス、にんにく1片を丸ごとなどもお試しください。

出汁をとりながら煮物を作るときは、出汁によって火加減が少し違います。

・**昆布出汁で**↓具材と水、昆布を鍋に入れて火にかけ、沸騰したら弱火にしてコトコト煮ます。昆布の出汁は60℃くらいがよく引き出せます。

・**鰹出汁で**↓具材と水を鍋に入れて加熱し、沸騰したら出汁パックに入れた鰹節を入れます。そのまま一緒に煮ます。鰹風味を立たせたいときは、具材に火が通ってから入れます。

・**煮干し出汁で**↓具材、水、出汁パックに入れた煮干しを鍋に入れ、火にかけて煮ます。煮干し出汁は15分ほど沸騰をキープするともっとも深く引き出せます。一度沸騰したら火力を下げても、中は沸騰をキープさせてください。そのまま具材と煮ます。いずれ

具材にしっかり火が通ったら、醤油を加え煮含めます。

も煮るときは、フタをして蒸し煮にすると短時間でおいしくなります。

調味料は具材に火を通してから加えます。具材によって塩、醤油、バルサミコ酢などの酢を加えます。調味料を加えるときは、軽く沸騰させて、塩、醤油、酢の順に加えます。塩ベースの場合は塩が溶けるのを待って味をみて、決まったところで醤油を少し加えます。塩と醤油半々の場合も、慣れるまで同様に味をみながら加えてください。酢は味のバックアップで少々入れたり、酸味をきかせたいときなどに使います。

大根ときのこ、がんもの煮物 | 11～2月

① 大根を厚めの輪切りにして、さらに十文字に切る。② 昆布を縦半分に切ってから横 1cm幅にハサミで切る。③ 鍋に 1、2、水をたっぷり入れ、フタをして火にかける。煮立ったらほぐしたひらたけを加える。④ 大根が透き通ってすっかり火が通ったら、がんもどきを十文字に切って加える。⑤ がんもどきがふっくらしたら煮汁を沸騰させ、出汁パックに入れた鰹節パウダーを加える。⑥ ややして塩少々と醤油で味をととのえ、しばらく煮含める。

材料　大根、ひらたけ、がんもどき、昆布、鰹節パウダー（P26 参照）、塩、醤油

コツ
- 大根は時間に余裕があるときは厚く、急いでいるときは薄めに切るといいでしょう。
- 大根は余らせるくらい人数分より多めに入れると、大根から甘みが出て煮汁が味わい深くなります。また、翌日はさらにおいしくなりますのでぜひ多めに。
- ひらたけ以外に、しめじ、えのきたけ、まいたけでも出汁が出て味わいがアップします。お好みでしいたけでも OK です。
- がんもどきのほか、厚揚げや高野豆腐も合わせてみてください。
- 鰹節パウダーは見た目が気にならないようでしたら、出汁パックに入れずに直接加えても大丈夫です。

蒸しゆでのコツ

青菜などの葉っぱ類、ブロッコリー、カリフラワーといったゴロンとした野菜類をゆでるとき、少量のお湯でフタをして蒸しゆでにするとおいしさが損なわれず、使う水、ガスも経済的です。

青菜の場合、平たい鍋に1～2cmほどの熱湯を用意して塩をほんのひとつまみ入れ、沸騰を確認して青菜を横に入れ、横1回転させ青菜全体に熱湯が回るようにし、フタをして蒸しゆでにします。ほうれん草などの葉っぱ類は秒単位でゆで上がりますので、ゆですぎに注意です。ゴロンとした野菜の場合も、同じく鍋に入れたらすぐに熱湯を全体に回します。私はフタを押さえて鍋ごと揺すってお湯を回します。お玉などを利用して返すのも簡単でいいですよ。いずれも火加減は強火がいいですが、慣れるまで中火より強いくらいの火加減でも大丈夫。ゆで上がったら平たいザルなどにとって冷ますか、熱々のうちにオリーブオイルをからませます。残った分はすっかり冷まして冷蔵しておくとしばらくもちます。

フタをして強火で蒸しゆで。

熱々のうちにオリーブオイルをからませる。

ブロッコリーの蒸しゆで えごま和え ｜ 10～11月

①ブロッコリーを小房に切り分ける。②1を鍋に入れ、水を1～2cmほど入れ、フタをして蒸しゆでにする。③2に火が通ったらボウルに移し、熱いうちにオリーブオイルを加えてよく混ぜ合わせる。④えごまを小鍋などに入れ、軽くあぶってからすり鉢で粒がなくなるまでする。⑤4に塩を加えてよく混ぜ、3を加え、和える。

材料

ブロッコリー、えごまの実、オリーブオイル、塩

コツ

- ブロッコリーを蒸しゆでにするときの水はできるだけ少なく、はじめ強火で沸騰したら弱火で蒸す。
- えごまの実は生でも食べられるので、ほんの少し火にかざし、香りを立てるくらいに。
- 塩は少なめにえごまと合わせ、足りないと感じたら食べるときに各自食卓で加えるほうがおいしいです。

蒸し炒めのコツ

炒め物といえば、中華風の強火でぱぱっとするイメージがあります。それもまたおいしい方法ですが、フタをして炒める「蒸し炒め」をすると野菜の思わぬ味わいが顔を出し、おいしさが格段と上がります。また、油が飛びにくく、後片付けがラクです。

鍋にオイルを回し入れ、具材を入れてよくかき混ぜ、オイルで具材をコーティングするようにします。フタをして中火にかけます。鍋が熱くなって音が聞こえてきたらフタを開け、天地を返すように一度かき混ぜます。弱火に下げ、フタをして蒸し炒めを続けます。お好みの火の通り加減になったらフタを取り、塩などの調味料を加えてやや強火にして、かき混ぜながら仕上げます。

加熱前にオイルで具材をコーティングして火にかける。

しっかりフタをして炒めるとおいしくなる。

もやし炒め　|　いつでも

① 鍋になたね油を回し入れ、もやしを入れてよく混ぜる。② もやし全体にオイルが行き渡ったら、フタをして中火にかける。③ 鍋が熱くなったら火を弱め時々フタを取り、かき混ぜる。④ もやしに火が通ったら弱火にし、そのまま蒸し炒めを続ける。もやしがはじめの量から半分くらいのカサになったら醤油を何回かに分けて加える。⑤ フタを取り、やや強火にして醤油がもやしの中までしみ込むようにかき混ぜながら仕上げる。

◎材料

もやし、なたね油、醤油

◎コツ

- 中華炒めのようなシャキシャキした仕上がりではありません。もやしの出汁と醤油の合体がおいしい料理です。
- もし水分が多く出た場合は、溶き葛粉を加えるとまた別なおいしさが得られますよ。
- カサがぐっと減るので、2人分でもやし2～3袋は用意するのをオススメします。

ソテーのコツ

外側にカリッと焼き目をつけ、中はふわっと仕上げるのがソテーのきほんです。まず鍋にオイルを回し入れ、それから火にかけます。オイルの量はうっすらたまるくらいですが、焦げるのが心配なときは心持ち多めに入れるとよいでしょう。弱火より少し強くして鍋のそばを離れないでじっとオイルを見つめていてください。徐々にオイルの香りがしてきます。そしてふわっとオイルから湯気が見えてきたら具材を入れます。入れた具材は決して動かしません。すぐにフタをします。鍋が熱くなりすぎるようでしたら、少し火を弱めます。片面で8～9割具材に火を通す感じで返します。調味料は両面に火が通ってから入れます。調味料を入れてからはフタを取り、やや強火にして調味料をからませるようにして仕上げます。

このソテーの仕方で作る炒飯も、ご飯粒がカリッと中はふんわり仕上がります。

＊オイルから出るのは湯気で、煙ではありませんから白く見えたりはしません。湯気ですよ。

湯気が見える程度でソテーするときれいなきつね色に。

味噌は中央に置き、ややするとやわらかに。

さつま芋のソテー 味噌・醤油仕上げ ｜ 9～3月

① 味噌に醤油をお好みで、少しかためからとろりとするくらいまで少しずつ加え、混ぜ合わせる。② 1ににんにくオイルを加えて混ぜ合わせる。続いて白バルサミコ酢を加えて混ぜ合わせる。③ さつま芋を2cmほどの厚さの輪切りにする。④ 鍋にオリーブオイルを回し入れ、火にかける。オイルから湯気がふわっと見えてきたら、さつま芋を入れ、フタをしてソテーする。⑤ 片面に焼き色がついたらひっくり返す。鍋底の中央をあけ、2を置く。⑥ さつま芋にすっかり火が通ったら、味噌を鍋底にこすりつけるようにして混ぜながらさつま芋にからませる。

材料

さつま芋、玄米味噌、醤油、にんにくオイル（P108参照）、白バルサミコ酢、オリーブオイル

コツ

・さつま芋の大きさによって輪切りを半月切りやイチョウ切りにしても。ただ厚みはあったほうがおいしいです。
・ソテーの火加減は、はじめは鍋底に火がつかない程度の中火で。具材を入れてややしたら、少し弱めるくらいを目安にしてください。
・味噌はお好みのもので。合わせ味噌でもOK。
・にんにくオイルはなくてもおいしくできます。おろしにんにくを使ってにんにくの風味を強調しても合います。お好みでどうぞ。
・味噌仕上げの料理は“必ず鍋に味噌がこびりつく”くらいがおいしく仕上がりますので、そのつもりで。

下で蒸し煮、その上で
クッキングシートで蒸す。

クッキングシートを活躍させる

クッキングシートは使い方一つで料理のハードルをぐっと下げてくれます。

1 蒸し物に使う

どんな鍋でも、水をはって具材をクッキングシートにのせて入れフタをすれば、蒸し物ができます。水から火にかけ、沸騰したら火を弱めて、でも鍋中は沸騰をキープしている状態にします。蒸し上がったらクッキングシートごと取り出すことができるのも便利です。クッキングシートの中に水が入ってこないように立ち上がりをつけるのがコツ。きっちり包まなくても大丈夫です。

いくつもの具材を別々にシートで包み、同時に蒸すこともできます。蒸し加減が違う物の場合はできた順に取り出すとよいです。このとき、大きめの包みのシートを下にして個別の包みをのせ、ダブルシートにすると扱いやすくなります。

2 残り物を包む

料理やご飯はちょっと多めに作って保存しておくと、お腹がすいたとき、また品数が足りないときに助かります。残った料理はクッキングシートに包んで、冷蔵または冷凍します。あたため直すときには1の蒸す要領で。

3 焼き物に使う

鍋で焼き物をするとき、クッキングシートを敷いて食材をのせ、フタをして焼きます。火加減は鍋が熱くなったら弱火にします。片面で8〜9割焼いてから返します。

焼き物のときはくれぐれも、火を強くしてシートが焦げたり燃えたりしないように注意してください。シートの耐熱性はだいたい200℃、高温になりすぎるとコーティングされている化学物質から有害なガスが出る可能性がありますので。

4 まな板に敷く

油揚げなど、まな板が汚れる具材を切ると

きに、まな板にクッキングシートを敷いてその上で作業してシートごと取り外すと、次に切る作業がスムーズになります。

5 盛りつけに使う

お皿を洗うのが面倒なとき、ザルにクッキングシートを敷いて料理を盛りつけます。結構いい感じに盛りつけができ、汚れ物が出ないのでラクチンです。

6 落としブタに使う

煮物をするときにふきこぼれる心配があるとき、煮詰めたい場合にクッキングシートを鍋の直径に合わせて切り、所々に穴を作ってフタとして使います。

7 おむすびを包む

おむすびをクッキングシートで包み、布でさらに包んでおくといたみにくく、おいしさも長持ちします。

白菜とえのきの蒸し物 ｜ 11～2月上旬

① 白菜を繊維に沿って2cm幅に切り、さらに長さ4cmに切る。② えのきの石づきを切り取り、長さを半分に切って株元を手でバラバラにする。③ 鍋に1を入れ、白菜のカサの半量以下の水を加える。2をクッキングシートに包み、上にのせてフタをして蒸し煮と蒸すを同時にする。④ それぞれ火が通ったらザルにとり、冷ます。⑤ 白菜とえのきを混ぜ合わせ、万能たれで和える。

材料　白菜、えのきたけ、万能たれ（P21参照）

コツ
・えのきのほうが先に火が通るので、シートごと取り出し冷まします。
・えのきが蒸し上がったときシートに水分がたまっていたら、えのきのエキスなので、捨てずに出汁として加えます。
・火加減ははじめやや強く、沸騰したら弱火でじわっと火を入れると白菜の味わいが深く出ます。
・たれは作り置きでなくても、その場で合わせてもOK。

塩っけを調整する

料理の調味は、料理している人がおいしいと思うだけ塩、醤油、味噌などを使うと、もっとも勢いのあるおいしい料理が仕上がります。けれども、体が必要としている塩分は各自で異なりますし、同じ人でもその日の行動で違ってきます。出来上がった料理に食卓で塩、醤油を各自が加えることは、すでに申し上げた通りです。そのほかに〝梅干し、たくあん、葉っぱの塩もみ〟などを常備して食卓に置くと、こなれた塩っけが気軽にとれ、料理以外から塩っけを補うことができます。こうして自分が満足するだけ塩っけを食べて体に満たしておくと、体調が整い、また味覚も整いますので、おいしい料理を作る基礎が養われることにもなります。

季節に合った食材を使う

それぞれの野菜が本来育つ季節に合わせて栽培された野菜は、のびのびと育っています。細胞レベルで元気なので、当然、私たちが食べると〝おいしい！〟ということになります。それは栄養価も高いということです。一番のオススメは無農薬無肥料の野菜や米ですが、季節に合った食材を選ぶと、一般の野菜でも農薬も肥料も少なくてすみます。おいしく、リスクも回避できることになります。

季節に見合った調味料の使い方もあります。春は鰹出汁をきかせて塩ベースに醤油。夏は塩を強く、酸味でパンチもきかせて。晩夏になると煮干し出汁にたっぷり醤油を濃くすると夏バテした体も回復します。秋には塩と醤油半々くらいでお芋をコトコト煮るとほっこり。真冬には同じお芋でも味噌で仕上げたほうが舌にも体にもぴったりきます。

私たちの体も季節の移ろいに呼応しています。季節に合った野菜を、季節に合った調味料で料理をすると、手間、技いらずでおいしく料理が出来上がるというものです。

腸からあたたまる

季節のレシピ

せん切り夏大根とえのきの酢の物　｜いつでも（夏大根は６〜７月）

① 大根を薄い輪切りにし、少しずつ重ねて並べ、さらにせん切りにする。② １をボウルに移し、塩を軽くふって手でざっくり混ぜ合わせる。③ えのきは石づきを切り取って半分の長さに切り、クッキングシートに包み、水を１〜２cmはった鍋に入れてフタをして蒸す。④ ３の粗熱がとれたら２のボウルの大根を端に寄せ、あいたところに汁ごと入れる。⑤ えのきにオリーブオイルをかけ、よく混ぜ合わせる。続いて大根とえのきを混ぜ合わせる。⑥ アップルビネガーを５に加えてよく混ぜ、醤油を少々加えてよく混ぜ合わせる。

材料　大根、えのきたけ、塩、オリーブオイル、アップルビネガー、醤油

コツ
- 大根が太い場合や切りにくいときは、縦半分にしてから切り口を下にすると切りやすいです。
- えのきを蒸したときに出る汁（スープ）を加えると出汁になりおいしいです。
- 大根にふる塩は、季節により量を変えます。夏は塩気を体が欲しているので、多めのほうがおいしく感じると思います。
- 大根がしんなりしたくらいのところでえのきを加えると、二つが合わさりやすいです。
- 和え汁が残ったら、保存ビンなどに保存しておき、酢の物のベースに利用したり、素麺の汁に使ってもおいしいです。

炒めることで
あたため料理に

きゅうりのピリ辛炒め ｜ 7〜10月

① きゅうりを大きめの乱切りにする。② しその葉を5㎜角に切る。③ 鍋になたね油を回し入れて中火にかけ、オイルから湯気がふわっと見えてきたらきゅうりを入れ、オイルが全体に行き渡るようにかき混ぜ、フタをして蒸し炒めにする（時々かき混ぜる）。④ きゅうりに半分ほど火が通ったらちりめんじゃこを加えてかき混ぜる。⑤ ややしてにんにくオイルを加える。⑥ きゅうりに8割ほど火が通ったら、2を加えてかき混ぜる。⑦ きゅうりにすっかり火が通ったら鍋底の中央をあけて、コチュジャンと醤油を加え、火をやや強くして、調味料がきゅうりにからまるようによくかき混ぜながら仕上げる。⑧ 最後に山椒の実を加えて混ぜ合わせる。

材料　きゅうり、しその葉、ちりめんじゃこ、
山椒の実、なたね油、にんにくオイル（P108参照）、
コチュジャン、醤油

コツ・しその葉、ちりめんじゃこは、いずれもたっぷり使うと深い味わいになります。
・調味料を加えたら、よくかき混ぜながらしつこいくらいに火を通すときゅうりに調味料がからまり、おいしくなります。また、あっさり仕上げたいときはさっと炒め合わせて仕上げてもOK。
・山椒の実は包丁などで砕いておくと食べやすくなります。

さっぱりしてるのに味わい深い

きゅうりの胡麻ごま和え ｜ 7〜9月

① きゅうりを一口大の乱切りにする。② ボウルに移し、塩少々を加えて混ぜ合わせる。③ きゅうりから少し水けが出てきたらオリーブオイルを加えて混ぜ合わせる。④ 続いて胡麻油を加えて混ぜ合わせる。⑤ さらに醤油を加えて混ぜ合わせる。⑥ 最後に白すり胡麻をたっぷり加えてよく混ぜ合わせる。

材料　きゅうり、塩、オリーブオイル、胡麻油、醤油、白すり胡麻

コツ・きゅうりから出る水分は捨てずに、白すり胡麻に吸わせるようにして合わせると味わい深くなります。
・オリーブオイルと胡麻油の量はお好みで。胡麻油だけでも OK、オリーブオイルを合わせると軽い感じに仕上がります。

きゅうりの豆腐和え | 7～9月

① 豆腐の水を切っておく。② きゅうりを4～5㎜の輪切りにする。③ 豆腐をボウルに入れ、フォークなどで崩し、オリーブオイルとフラックスシードオイルを加えてよく混ぜ合わせる。④ 玉ねぎをすりおろし、3に加えてかき混ぜ、塩を加え混ぜてから、最後にアップルビネガーを加えてよく混ぜ合わせる。⑤ 4に2を加えて和える。

材料　きゅうり、豆腐、オリーブオイル、フラックスシードオイル、玉ねぎ、塩、アップルビネガー

コツ
- 豆腐の水切りは、豆腐のパッケージの4辺に包丁で切れ目を入れて水を捨て、パッケージのまま空の器に斜めに伏せて冷蔵庫に入れておくと簡単にできます。
- 豆腐の水切りはゆるめでOK。
- 豆腐は国内産大豆100%がオススメです。

きゅうりの梅酢ごま和え ｜7〜9月

① きゅうりを斜め薄切りにして並べ、さらにせん切りにする。② しその葉もせん切りにしておく。③ 1をボウルに入れ、玉ねぎをスライサーで薄切りにして加える。④ 3に梅酢を加えて混ぜ合わせる。⑤ きゅうりがしんなりしてきたら器に盛り、白すり胡麻をふりかけて2を添える。

◎材料　きゅうり、しその葉、玉ねぎ、梅酢、白すり胡麻

◎コツ・きゅうりと玉ねぎの割合はお好みで、その時々で変えると味わいがまた違い、楽しめます。
・食べるときによく混ぜ合わせて、好みで醤油を滴滴と加えてもおいしいです。

ズッキーニとじゃがいものスープ ｜6〜9月

① ズッキーニとじゃがいもを大きめの一口大に切る。② 鍋に1とエリンギ、にんにく1片丸ごと、水を入れてフタをし、蒸し煮にする。③ 具材がすっかりやわらかくなったらおかひじきを4cmほどに切って加え、おかひじきに火が通ったら器に盛りつける。手元でオリーブオイル、塩を加える。

材料　ズッキーニ、じゃがいも、エリンギ(小)、にんにく、おかひじき、オリーブオイル、塩

コツ
・エリンギはほかのきのこにかえてもOK。
・塩は一口ごとに加えると最後までおいしくいただけます。
・じゃがいもからよい出汁と旨みが出るので、多めに入れるとよいでしょう。また、とろみにもなるのでそれもまたおいしいですよ。
・おかひじきは入れなくてもいいですし、別のものでも。例えばモロヘイヤなどにかえてもよいです。

ズッキーニの蒸し炒め 味噌仕上げ ｜6～9月

① ズッキーニ、エリンギを厚めの輪切りにする。② 玉ねぎを縦半分に切り、切り口を下にして繊維に沿って1㎝幅ほどに切る。③ 鍋にオリーブオイルをたっぷりめに回し入れ、エリンギと玉ねぎを入れる。オイルが全体に行き渡るようによくかき混ぜ、ズッキーニを上にのせてフタをする。はじめは中火よりやや弱火にかけ、鍋がすっかり熱くなったら極弱火でじっくり蒸し炒めにする（時々かき混ぜる）。④ 具材に8割ほど火が通ったら、にんにくオイルと味噌を具材の上にのせておく。⑤ 具材にすっかり火が通ったら、全体に調味料が行き渡るようによくかき混ぜる。

材料 ズッキーニ、エリンギ、玉ねぎ、オリーブオイル、にんにくオイル（P108 参照）、玄米味噌

コツ
・ズッキーニと玉ねぎが崩れるくらいまでじっくり火を通すと旨みが出ます。
・味噌はここでは玄米味噌を使っていますが、お好みでどうぞ。
・エリンギは出汁のかわりですので、そのほかの手に入るきのこ類でも大丈夫です。
・写真は5分づきご飯にのせていますが、うどんなどにも合います。

ズッキーニとエリンギの粒マスタード仕上げ｜6〜9月

① ズッキーニを5cmほどの長さで食べやすく切る。② 鍋にオリーブオイルをたっぷり回し入れ、1とエリンギを入れて具材にオイルが行き渡るようによくかき混ぜてからフタをして火にかける（はじめは中火よりやや弱火で、鍋が熱くなったら極弱火にしてじっくり蒸し炒めにする）。③ 具材に8割ほど火が通ったら、にんにくオイルを具材の上にのせて再びフタをしておく。④ ズッキーニがすっかり透き通ってきたら全体にかき混ぜ、塩を加えてさらにかき混ぜる。続いて粒マスタードを加えてよく混ぜ合わせて仕上げる。

材料　ズッキーニ、エリンギ（小）、オリーブオイル、にんにくオイル（P108参照）、塩、粒マスタード

コツ・塩、粒マスタードともしっかりきかせること。

ズッキーニのソテー　味噌風味ソースがけ　｜6～9月

まず、ソースを作ります。① ズッキーニの上の部分を1cm角ほどに切る。② 玉ねぎを縦半分に切り、切り口を下にして繊維に沿って薄切りにする。③ ルバーブは縦半分に切ってから薄切りにする。④ 鍋にオリーブオイルを回し入れ、1、2、3を入れてかき混ぜる。オイルが全体に行き渡ったらフタをして、中火よりやや弱火にかける（鍋が熱くなったら極弱火にしてじっくり蒸し炒めにする）。⑤ 具材にすっかり火が通ってくたっとしたらにんにくオイルとディルオイルを加えてかき混ぜる。⑥ 続いて塩をふり入れてかき混ぜ、鍋底の中央をあけて味噌を置き、ややしてからかき混ぜる。味をみて白バルサミコ酢を加えてよくかき混ぜ、薄めの溶き葛粉を回し入れる。火を強めてしっかりとろみをつける。

ズッキーニをソテーする。① 残りのズッキーニを縦半分に切る。② 鍋にオリーブオイルを回し入れ、弱めの中火にかける。オイルから湯気がふわっと見えてきたらズッキーニを切り口側からソテーする。③ 焦げ目がついたら返してすっかり火を通す。

付け合わせのじゃがいものマッシュポテトを作る。① じゃがいもを丸ごと圧力鍋で蒸す（皮がパリッと破れるくらいがマッシュするのにちょうどよい）。② 熱々のうちにフォークなどでつぶしながら、なるべく熱いうちにオリーブオイルを何回かに分けて加え、そのつどよくかき混ぜる。③ オイルが十分に行き渡ったら、塩をふり入れて混ぜ合わせる。

材料　ズッキーニ、玉ねぎ、ルバーブ、じゃがいも、オリーブオイル、にんにくオイル（P108参照）、ディルオイル（P108参照）、塩、玄米味噌、白バルサミコ酢、溶き葛粉

コツ
- 大きめのズッキーニの場合はソースは上部分を使いますが、小さい場合は別に用意してください。
- 味噌を入れるときは、鍋中の具材を周りに寄せ、真ん中をあけたところに入れると味噌に適度に火が入ると同時にやわらかくなり、具材にからまりやすくもなります。
- ルバーブはあらかじめ蒸し煮をし、ピュレ状にして冷凍しておくと、酸味が欲しい料理に使いやすくて便利です。
- ルバーブがない場合はアップルビネガーなどの酢をかわりに使うといいですよ。
- 溶き葛粉を加えたら、葛が透明になるまでしっかり混ぜながら火を通すこと。その手前で火を止めると葛のおいしさがピークに達しないままになってしまうので注意してください。

春雨の胡麻ごま和え　いつでも

① 春雨をたっぷりの熱湯でゆで、ザルにとって水けを切る。② ボウルに移し、熱々のうちにオリーブオイルを数回に分けて加える。そのつどよくかき混ぜ、春雨にオリーブオイルを吸わせるようにする。③ 2に塩をふり入れ、かき混ぜる。④ アップルビネガーを少しずつ加え、そのつどかき混ぜる。⑤ 醤油を回し入れ、かき混ぜる。⑥ 黒すり胡麻を加えてよくかき混ぜる。

材料　緑豆春雨、オリーブオイル、塩、アップルビネガー、醤油、黒すり胡麻

コツ
・オリーブオイルは春雨が吸うだけ、びっくりするくらい入れるとおいしい。
・かき混ぜるときはオリーブオイルを加えながら、箸を使って。黒すり胡麻は、ポリ手袋をはめ、手で混ぜるとスムーズに混ぜ合わせることができます。
・塩ベースで醤油を補う感じで使うと夏らしい味わいになります。
・黒すり胡麻はオーガニックのものを。または粒胡麻を炒ってすり鉢ですると風味が出ます。
・アップルビネガーは酸っぱく感じないくらいの隠し味程度です。もちろん、欲したらたっぷりでもどうぞ。

あったかそうめん ｜ 7〜9月

① 昆布を縦半分に切ってから横5㎜幅くらいにハサミで切る。煮干し、にんにく1片丸ごとを出汁パックに入れる。② 鍋に1を入れ、水を加えてフタをし、火にかける（はじめはやや強火で沸騰したら少し弱める。鍋中は常に沸いている状態を保つ）。③ きゅうりをせん切りにする。オクラは縦薄切りにし、万願寺とうがらしは種をつけたまま縦に細く切る。ミニトマトを横に厚めに切る。④ 2に3を加え、煮立てる。⑤ 具材に火が通ったら出汁パックを取り出し、塩、醤油で味をととのえる。⑥ 熱湯で素麺をゆで、湯を切って器に盛り5を加える。

材料　素麺、昆布、煮干し、にんにく、きゅうり、オクラ、万願寺とうがらし、ミニトマト、塩、醤油

コツ
・昆布がないときは煮干しだけでもいいですし、鰹節パウダー（P26参照）でも同様にできます。
・真夏に作るときは塩をきかせ、秋口は醤油をきかせると季節の体に合い、よりおいしくいただけます。

えんどう豆ご飯 | 5〜6月

① 5分づき米を2〜3回くらい水をかえながらさっと洗い、ザルにとって水けを切る。② 油揚げを横3等分、幅3㎜ほどに切る。③ えんどう豆はさやから出しておく。④ 鍋に米を入れ、水を加える。塩少々と醤油を加え、味をみて好みの濃さになったら2、3を米の上にのせてフタをして炊く（はじめは強火で、完全に沸騰したら弱火にする）。炊き上がったらよく混ぜ合わせる。

◎材料　えんどう豆、5分づき米、油揚げ、塩、醤油

◎コツ・醤油の量は、しっかり醤油が入りました感が出るくらいがおいしい。
・お好みで醤油を使わず塩だけであっさり仕上げても。
・さやから出したえんどう豆は冷凍可能で、冷凍状態のまま炊き込めます。

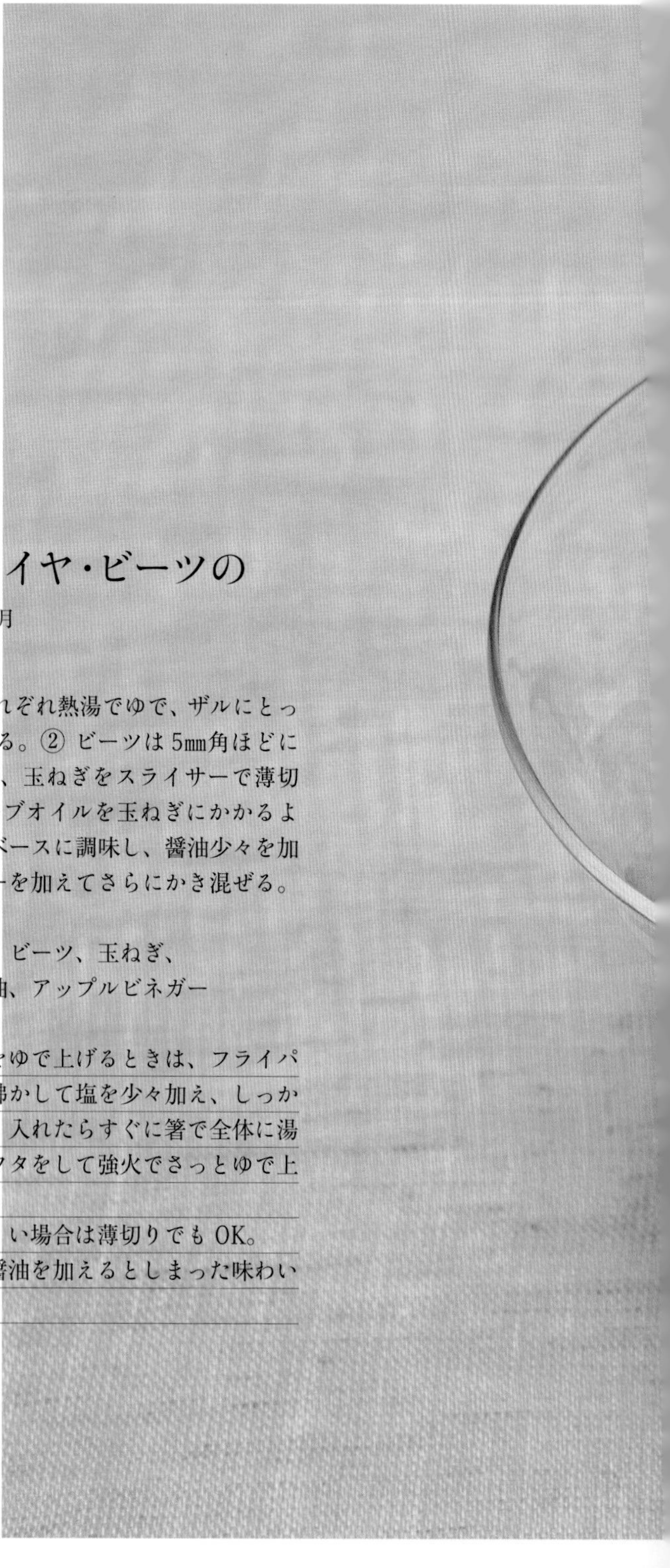

おかひじき・モロヘイヤ・ビーツのサラダ仕立て｜7〜9月

① おかひじき、モロヘイヤをそれぞれ熱湯でゆで、ザルにとって冷まし、食べやすい長さに切る。② ビーツは5㎜角ほどに切る。③ 1と2をボウルに入れ、玉ねぎをスライサーで薄切りにし、上にのせる。④ オリーブオイルを玉ねぎにかかるように入れ、混ぜ合わせる。塩をベースに調味し、醤油少々を加えてかき混ぜ、アップルビネガーを加えてさらにかき混ぜる。

◎材料　おかひじき、モロヘイヤ、ビーツ、玉ねぎ、
オリーブオイル、塩、醤油、アップルビネガー

◎コツ
・おかひじきとモロヘイヤをゆで上げるときは、フライパンのような浅い鍋に湯を沸かして塩を少々加え、しっかり沸騰させてから入れる。入れたらすぐに箸で全体に湯が回るように回転させ、フタをして強火でさっとゆで上げます。
・ビーツは角切りが食べにくい場合は薄切りでもOK。
・好みで、手元で少しずつ醤油を加えるとしまった味わいになります。

夏のサラダ ｜7〜9月

① きゅうりを厚さ5㎜ほどの輪切り、ミニトマトも厚めに切る。ピーマンはヘタの固いところだけ取り除き、種をつけたまま細めの乱切りにする。② ビーツと玉ねぎは薄切りにする（スライサーを使うと簡単に薄くできます）。③ 1と2をボウルに入れ、まずオリーブオイルを加えて具材にコーティングするように混ぜ合わせ、器に盛りつける。④ アボカドを半分に切り、果肉にテーブルナイフで切り目を入れてくり出し、3にのせる。⑤ フラックスシードオイル、パンプキンシードオイルを好みの量ずつ加え、塩をふってアップルビネガーをかけ、混ぜる。⑥ 各自お好みで、一口ごとに塩、醤油を加えて、混ぜるようにしながら食べる。

材料　きゅうり、ミニトマト、ピーマン、ビーツ、玉ねぎ、アボカド、オリーブオイル、フラックスシードオイル、パンプキンシードオイル、アップルビネガー、塩、醤油

コツ
- きゅうりとピーマンは歯ごたえがある感じに、トマトは大玉の場合、厚めに切ると、それぞれのおいしさが口の中で引き立ちつつ、合わさっていきます。
- オイルは3種なくても、オリーブオイルだけ、フラックスシードオイルだけでもおいしくできます。合わせるとさらにそれぞれのオイルの風味がハーモニーとなっておいしいので、その時々で楽しんでください。
- 具材は食べる1時間くらい前に冷蔵庫から出しておくと切っているときに手も冷えないし、腸も冷えることがありませんので、ぜひ。
- スライサーは手軽で便利ですので、活用してほしいのですが、最後まで具材を使おうとすると手を切ってしまうこともあります。あまり無理はせず、余らせてベジブロスに利用するなどしてくださいね。

いんげんと油揚げの蒸し炒め　6〜9月

① いんげんは短い場合はそのまま、長い場合は食べやすい長さに切る。② 鍋になたね油を回し入れ、1を加えてよく混ぜ、いんげんにオイルが行き渡ったらフタをして火にかける。③ 時々かき混ぜ、いんげんに火が通ったら、油揚げを横半分、7㎜幅くらいに切って加え、さらにかき混ぜて引き続き蒸し炒めにする。④ いんげんと油揚げがなじんできたら醬油を加えてよくかき混ぜる。

材料　いんげん、油揚げ、なたね油、醬油

コツ
・いんげんの火の通し方は色鮮やかな時点からさらに火を入れ、少し色がさめた感じくらいのほうがおいしさが引き出されます。
・オイルはなたね油のほうが、いんげんの甘みとコクが出ますが、すっきりした味がお好みならオリーブオイルで。胡麻油もまた違った味わいに仕上がります。

いんげんのプルーン和え ｜ 6〜9月

① 鍋に少量の湯を沸かし、塩を加え、いんげんを蒸しゆでにし、ザルにとって冷ます。②1を4〜5cmほどの斜め切りにする。③ プルーンピュレをボウルに入れ、塩を加えて混ぜ合わせる。続いてアップルビネガーを少しずつ加えて混ぜ合わせる。④ 仕上げに醤油をほんの一滴たらす。⑤2を器に盛り、4をかける。

材料　いんげん、プルーンピュレ、塩、アップルビネガー、醤油

コツ
- プルーンピュレが手に入らない場合は、ドライプルーンをお湯につけ、やわらかくなったら種を取り出し、キッチンペーパーで水分を取ってから包丁で細かくたたき切るを繰り返すとピュレ状になります。
- いんげんをゆでる湯は、いんげんが半分ちょっと浸るくらいの量で大丈夫です。沸騰したらいんげんを入れ、すぐに箸などで一回転させ、フタをして蒸しゆでにするとおいしくゆでられます。また、フタを手で押さえながら鍋を揺する方法でもおいしくできます。どちらでもやりやすいほうでどうぞ。
- いんげんはきれいな緑色からもう一声、じっくりゆでて旨みを十分に引き出しましょう。

茄子のソテー トマト煮　|　7～9月

① 茄子のヘタを切り取り、縦半分にしてから皮目に切り込みを3ヶ所ほど入れる。② ミニトマトを半分に切る。③ 鍋にオリーブオイルを回し入れて火にかけ、オイルから湯気がふわっと見えてきたら切り口を下にして茄子を入れ、フタをしてソテーする。④ 焼き色がついたら返し、2を鍋のあいているところに入れ、フタをする。⑤ トマトが煮崩れてきたらにんにくオイルとディルオイルを加えて、茄子を崩さないようにトマトと混ぜ合わせる。続いて塩を加えて混ぜ合わせ、1～2分煮てから火を止める。⑥ 器に茄子を盛りつけ、トマトを添えて黒胡椒をふる。

材料　茄子（青茄子）、ミニトマト、オリーブオイル、
にんにくオイル（P108参照）、ディルオイル（P108参照）、
塩、黒胡椒

コツ
・青茄子ではなく普通の茄子でもおいしくできます。茄子はふっくらした太めのものを選ぶといいですよ。米茄子の場合はオリーブオイルの量を多めに使い、中火以下でじっくり火を通しましょう。
・普通のトマトでも大丈夫ですが、酸味が足りない場合はビネガー類を少し加えてみてください。
・にんにくオイルのかわりに、にんにくをすりおろしたものでも。ディルは生のままかお好みでパセリなどを使ってもOKです。

茄子の蒸し炒め 味噌・えごま仕上げ

7〜10月上旬

① 茄子を縦半分にし、さらに横1cm幅に切る。② 鍋にオリーブオイルを回し入れ、1を加えてよくかき混ぜる。オイルが全体に行き渡ったら、フタをして蒸し炒めにする（時々かき混ぜる）。③ 茄子にすっかり火が通ったらにんにくオイルと胡麻油を加えて混ぜ合わせ、鍋底の中央をあけて味噌を置きフタをする。④ 味噌があたたまったら全体をよく混ぜ合わせ、仕上げに火を強めてえごまの実を加え、さっと混ぜて仕上げる。

材料　茄子、オリーブオイル、にんにくオイル（P108参照）、胡麻油、玄米味噌、えごまの実

コツ
・茄子の風味で味噌を食べる料理です。もちろん逆の発想で、茄子をおいしく食べるために味噌を使う感覚でもOKです。その時々で味噌の分量を加減してください。
・鰹節パウダー（P26参照）を加えても相性がいいです。
・火加減は茄子が焦げないように、はじめはやや強火で、鍋が熱くなったら弱火でじっくり火を通すと茄子の旨み、甘みが引き出されます。

ピーマン・ちりめん・しその炒め物 塩仕上げ

7〜10月上旬

① ピーマンのヘタと種を取り除き、縦8等分に切る。② しその葉を1cm角に切る。③ 鍋にオリーブオイルを回し入れて火にかけ、オイルから湯気がふわっと見えてきたら1とちりめんじゃこを入れて炒める。続いて2を加え、かき混ぜながら火を入れる。④ ちりめんじゃこがカリカリになってきたら塩を加えてかき混ぜる。

材料　ピーマン、ちりめんじゃこ、しその葉、オリーブオイル、塩

コツ
- 火はやや強火を通して、短時間で調理するとおいしく仕上がります。
- お好みでピーマンやしそを細切りにしても。
- 塩ではなく、醤油で仕上げてもおいしくできます。その場合、火を止めてから醤油を加えて手早く仕上げます。

ピーマンと豆腐の煮物 | 7～10月上旬

① まず出汁をとる。出汁パックに煮干しを入れ、鍋に水とともに入れて中火にかける。沸騰したら火を少し弱め（鍋中は沸騰した状態）、15分ほどそのままの状態をキープする。② ピーマンのヘタをハサミで切り取って、種とワタを残したまま縦半分に切る。③ 沸騰している1に、塩ほんの少々と醤油を加えて味をととのえる。④ ピーマンと8等分に切った豆腐を加えてフタをし、蒸し煮にする。⑤ ピーマンに火が通ったらいったん取り出す。弱火で豆腐に味をしみ込ませ、ピーマンを戻し入れさっと煮る。⑥ しその葉をせん切りにする。⑦ 5を器に盛り、6を添える。

材料　ピーマン、豆腐、しその葉、煮干し、塩、醤油

コツ
・煮干しの出汁は水から。沸騰させてから15分以上煮出すことでおいしい出汁がとれます。フタはしたままでOKです（出汁パックは最後まで入れておいても、取り出してもどちらでも。煮干しはたっぷり使ってください）。
・ピーマンの火入れ具合はお好みで。くたくたになるまで煮るのもアリです。
・豆腐は水切りをしていませんが、これもお好みまたは豆腐の状態で水切りをしてください。
・しその葉は入れなくてもおいしくいただけます。お好みでどうぞ。

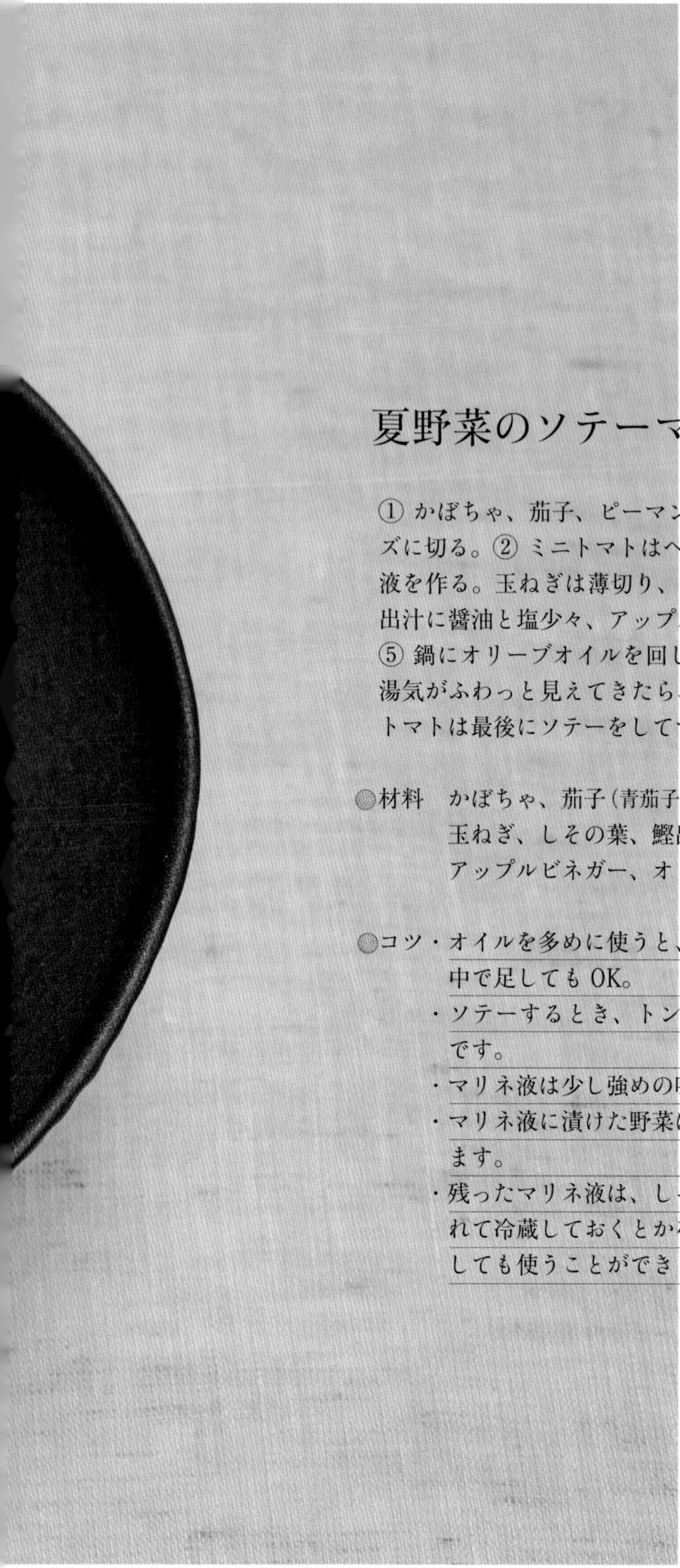

夏野菜のソテーマリネ ｜ 8～10月上旬

① かぼちゃ、茄子、ピーマンをそれぞれ大きめの一口大サイズに切る。② ミニトマトはヘタを取り除いておく。③ マリネ液を作る。玉ねぎは薄切り、しその葉は角切りにする。④ 鰹出汁に醤油と塩少々、アップルビネガー、3を加えて合わせる。⑤ 鍋にオリーブオイルを回し入れ、火にかける。オイルから湯気がふわっと見えてきたら、1をそれぞれ両面ソテーしミニトマトは最後にソテーをしてマリネ液に漬ける。

◎材料　かぼちゃ、茄子（青茄子）、ピーマン、ミニトマト、
玉ねぎ、しその葉、鰹出汁、醤油、塩、
アップルビネガー、オリーブオイル

◎コツ
・オイルを多めに使うと、次々とソテーしやすいです。途中で足してもOK。
・ソテーするとき、トングを使うと野菜をつかみやすいです。
・マリネ液は少し強めの味のほうがおいしいです。
・マリネ液に漬けた野菜は、味がしみたら取り出しておきます。
・残ったマリネ液は、しっかり冷まして保存ビンなどに入れて冷蔵しておくとかなりもちます。いろいろなたれとしても使うことができます。

蒸し茄子の
玉ねぎ味噌ごまソースがけ ｜ 7～10月上旬

① 玉ねぎを縦半分に切り、根元を1㎝ほど残し繊維に沿って5㎜幅ほどの切れ目を入れ、根元を左（左利きの人は右）にして5㎜幅に切る。② 鍋にたっぷりオリーブオイルを回し入れ、1を入れてよく混ぜてフタをして中火にかける。③ 鍋が熱くなったら弱火にし、玉ねぎにじっくり火を通していく。④ 玉ねぎがトロトロになったら味噌を加えてしばらくそのままおく。⑤ 味噌がやわらかくなったら、鍋底をこするようにして味噌と玉ねぎを合わせる。⑥ 醤油を少々加えて混ぜ合わせる。⑦ 玉ねぎと味噌がすっかり合わさったら、火を止め、黒すり胡麻を加えて混ぜ合わせる。⑧ 別の鍋に1～2㎝深さの水をはり、茄子をクッキングシートに包んで入れる。フタをして蒸す。⑨ 茄子が蒸し上がったら、食べやすく切って器に盛り、7を添える。

材料　茄子（青茄子）、玉ねぎ、オリーブオイル、玄米味噌、醤油、黒すり胡麻

コツ
- 玉ねぎの切り方で味わいに差がでるので、よく切れる包丁を使い、押し切りにならないようにスーッと切ってみてください。
- 玉ねぎはびっくりするくらいいっぱい使うとおいしくできます。今回は茄子2本に対し玉ねぎは大きいのを2個半使っています。ソースが余ったらご飯にのせてもイケます。ぜひたっぷり作ってみてください。
- 茄子が蒸し上がったかを確認するには、指で押して戻ってこないくらいが目安です。
- 今回は青茄子を使いましたが、普通の茄子でもOKです。
- 味噌の種類はお好みで。

夏にんじんとかぼちゃのカレー風味 | 7〜9月

① にんじんを2cmの厚さの輪切りにし、さらにサイコロ状になるように4〜6等分に切る。② かぼちゃをにんじんよりやや大きめのサイコロ状に切る。③ 鍋にオリーブオイルとなたね油を合わせて入れて1、2を加え、オイルが全体に行き渡るようによくかき混ぜる。④ フタをして中火にかける。途中、時々かき混ぜ、表面に焼き色がついてきたら弱火にする。⑤ 具材にすっかり火が通ったらにんにくオイルを加え、全体に行き渡らせる。⑥ 鰹節パウダー、塩を順に加え、そのつど混ぜ合わせる。最後に醤油少々を加えて混ぜ合わせる。⑦ 仕上げにガラムマサラを加えてかき混ぜる。

材料　にんじん、かぼちゃ、オリーブオイル、なたね油、にんにくオイル（P108参照）、鰹節パウダー（P26参照）、塩、醤油、ガラムマサラ

コツ
・にんじんとかぼちゃの割合はお好みで。また、どちらかだけでもおいしくできます。
・塩がベースの味付けの場合は、塩だけで十分な味になるように調味してから、醤油を加えます。そうすることで味わいが丸くなります。
・かぼちゃがオリーブオイルを結構吸いますので、足りなくなったら途中で足しても大丈夫です。
・かぼちゃが焦げやすいので、火加減は、一度鍋が熱くなったらこまめにフタを取って様子をみてください。
・スパイスは多めがオススメです。またお好みでシナモンやナツメグのパウダーを加えるとかぼちゃとの相性もよく、香りが鼻をくすぐります。
・ガラムマサラが手に入らないときは、カレー粉でもOKです。

つる紫のゆで上げ、オリーブオイル・フラックスシードオイル和え｜6〜9月

①ワカメの塩をふり洗いして水で手早くもどし、布にとって水けを吸い取り、2cmほどに切る。②オクラは全体に塩をふっておく。③浅い鍋に湯を沸かし、2を入れてゆで上げ、ザルにとる。冷めたら縦に薄切りにする。④続いて同じ鍋につる紫を入れてゆで上げ、熱いうちに4cmほどに切る。ボウルに入れ、オリーブオイルを加えて混ぜ合わせる。⑤4に1と3を加えて混ぜ合わせ、フラックスシードオイルを加えてさらによく混ぜ合わせる。⑥器に盛り、手元で好みの量の醤油を加える。

材料　つる紫、オクラ、ワカメ(塩蔵)、オリーブオイル、フラックスシードオイル、塩、醤油

コツ
- オクラは小さいボウルに入れて塩をふり、手で回すようにするとまんべんなく塩が行き渡ります。
- 野菜をゆでるときのお湯はボコボコに沸いている状態がきほん。色もきれいにおいしく仕上がります。ですから、続いてゆでる場合は、湯が再び沸騰していることを必ず確認してください。
- オクラ、つる紫は、お湯に入れたらすぐに箸で回転させ、全体をお湯にくぐらせるとうまくゆで上がります。
- フラックスシードオイルのほか、オメガ3系のほかのオイルでもお試しください。
- つる菜やモロヘイヤでも同様に料理できます。

オクラのスープ | 7〜9月

① オクラを洗い、水分をよくふき取って1cmほどの輪切りにする。② 鍋に鰹出汁を入れて沸騰させ、おろしにんにくを加える。③ もうひと煮立ちしたら1を加え、オクラに火が通ったら火からおろし、ハンドブレンダーなどで撹拌してトロトロにする。④ 3に塩を加えて味をととのえる。

材料　オクラ、鰹出汁、おろしにんにく、塩

コツ
- 鰹出汁は濃いめにとります。また、見た目と舌触りが変わりますが、鰹節パウダー（P26参照）を直接入れてもよいです。
- オクラはたっぷり使います。
- おろしにんにくはお好みで。分量がわからないときは少しずつ加えて様子をみてください。
- ハンドブレンダーやミキサーがない場合は、オクラを薄い輪切りにして調理してください。

春雨のトマト煮 | 7～10月上旬

① トマトを乱切りにして鍋に入れ、フタをして弱火にかける。② 春雨を熱湯でゆで上げ、ザルにとって湯を切る。③ トマトがすっかり煮崩れたら 2 を加えて煮る。④ 春雨がトマトの汁を吸って、トマト色になったらオリーブオイルを何回かに分けて加えてそのつど混ぜ合わせる。⑤ 4 に塩を加えて混ぜ合わせる。

材料　トマト（大玉）、緑豆春雨、オリーブオイル、塩

コツ
・トマトの味わいが薄い場合は、少し煮詰めるとおいしくなります。
・写真のように春雨にすっかりトマトの色を移すくらいまで煮るのがポイントです。
・オリーブオイルはびっくりするくらいたっぷり入れると絶対においしくなります。
・塩は食べるときに、各自で一口ずつ加えるとおいしさが引き立ちます。

トマトの吸い物　8～9月

① 鰹出汁を沸かし、ヘタを取ったトマトを入れる。皮がはじけたら引き上げて皮をむく。② 1のトマトを再び出汁に入れ、フタをして弱火で蒸し煮にする。③ トマトがすっかりやわらかくなったら、塩を加えて味をととのえる。

材料　トマト、鰹出汁、塩

コツ
・トマトはミニサイズか中玉くらいのものが酸味と甘みのバランスがよく、この料理には適しています。大玉を使う場合は、アップルビネガーなどで酸味をほんの少し加えて調整してみてください。
・鰹出汁は濃いめのほうがおいしくできます。出汁の色が琥珀色くらいが目安です。
・塩加減が決められないときは、鍋中では少なめにし、食べるときに手元で一口ずつ加えていくと塩気が決まり、おいしくなります。

コラム①　作っておくと、料理の味わいがよくなるもの

にんにくオイル、ディルオイル

季節の野菜、旬を食べるのが一番おいしいと思うのと、面倒くさがりなので、どちらかというと保存食的なものはあまり作りません。そんな私が「にんにくオイル」を思いついたのは、にんにくが苦手な人と一緒に食事をするときのごはん作りをどうしたらいいかということからでした。それまでは同じ料理をにんにくありとなしの二つの鍋で同時に作るスタイルでしたが、面倒なのでどうにかしたいと思ったのがきっかけ。そこで、まずは一つのお鍋で作り、味付けを終えてから1人分を先に取り出し、それからにんにくを加えたオイルでにんにくの風味を加えてみたところ、うまくいったのです。

　じっくり低温で火入れをしたにんにくは、香りもよく、おいしくなります。しかも料理をするたびに皮をむいたり、切ったりしなくてよいので一度作っておくとラクチンです。しっかりオリーブオイルでフタをしているので、冷蔵保存しておくと1年はもちます。にんにくの収穫期は6〜7月、長くおくといたんだり、芽が出てきたりと保存も大変でしたが、にんにくオイルを作るようになってからその心配もなくなり、一年中おいしくにんにくが使えます。

　ディルはもっとも好きな香りの一つです。けれど生のシーズンは短く、しかも栽培するとどっさりできてしまいますので、なんとか保存ができないかと思い、オイルで漬けてみたところうまくいきました。はじめは長いままオイル漬けにしたのですが、面倒でも短く切ってからオイル漬けにしたほうが使うとき断然使い勝手がよいので、もっぱら切ってオイルに漬ける方法になりました。

ディルオイル

① ディルを洗って完全に水分をふき取る。② 1を0.5～1㎝幅くらいに切る。③ ボウルに2とオリーブオイルを入れよく混ぜ合わせる。④ 3をビンに詰め、さらにオリーブオイルを加えてオイルでフタをするようにする。フタをして冷蔵保存する。

材料　ディル、オリーブオイル

コツ
- ディルを洗うときは熱めのお湯で洗うと水切れがいいです。
- ディルオイルは使う分だけ取り出し、すぐに冷蔵保存してください。日持ちが違ってきます。

共通
- 保存ビンは必ず消毒してからお使いください。アルカリ電解水など口に入れても安全性の高いものを使って消毒するか、熱湯でビンを煮沸してください。
- 保存するときはオイルでフタをされた状態に。使っていって減ったときも必ずオイルを足してフタすることを忘れずに。保存性がよくなります。

にんにくオイル

① にんにくの薄皮をむき、根元の固いところを切り取る。② 厚手の鍋に1とオリーブオイルを入れ、フタをして極弱火にかける。③ にんにくがすっかりやわらかくなったら、そのましばらくおき、粗熱がとれたらフォークでにんにくをつぶしてオイルと混ぜ合わせてビンに詰める。④ 完全に冷めてからフタをして冷蔵保存する。

材料　にんにく、オリーブオイル

コツ
- 鍋の大きさに合わせてにんにくをびっしり入れたほうが熱回りがうまくいきます。保存がきくので、一気に500g～1kgくらい作っておくと年中使えて重宝。
- オイルの量は、にんにくがすっかりかくれるくらいたっぷりを目安に。
- フタの裏に水滴がたまりますので、途中でフタを開けるときには必ず水平にして扱い、布巾などで水分をふき取って。

おろしれんこんの蒸し物 ｜9～3月

① れんこんをすりおろす。② 1に昆布出汁、溶き葛粉、塩を加えよく混ぜ合わせる。③ 油揚げを1cm角に切って器に入れ、その上に2を注ぐ。④ 鍋に水をはって3を置き、フタをして蒸す。⑤ 蒸している間にあんを作る。濃いめの鰹出汁をとり、小鍋に入れて火にかける。沸騰したら醤油を加える。⑥ 5の味をみて、よければ溶き葛粉を加え、ヘラでよくかき混ぜながら透明感とツヤが出るまで火を入れる。⑦ 4のれんこんに透明感が出て固まったら、上から静かに6を注ぐ。

材料　れんこん、油揚げ、昆布出汁、鰹出汁、塩、醤油、溶き葛粉

コツ
・れんこんをおろすのは銅のおろし金が最高ですが、おろし目の細かなステンレスやセラミックのものでもOKです。皮ごと、優しい気持ちで円を描くようにおろすとおいしいおろしれんこんになります。
・おろしれんこんは火の通りが割合にはやいので、少量の場合は数分で蒸し上がります。
・具材は油揚げだけでも十分ですが、お好みの具材を加えていただいても。
・あんの鰹出汁は濃いめにとること。そうすると醤油をたっぷり使っても、まろやかな味わいが蒸したれんこんの旨みを引き立ててくれます。

れんこんのピーナッツ・カシューナッツ和え ｜ 9〜3月

① れんこんを1.5cmほどの厚さのイチョウ切りにする。② 1を鍋に入れ、水を少量加えてフタをし、蒸し煮にする。③ れんこんにすっかり火が通ったらボウルにとり、冷ましておく。④ 別のボウルにピーナッツとカシューナッツのペーストを入れ、混ぜ合わせる。⑤ 4に万能たれを少しずつ、とろりとするまで加える。⑥ 粉辛子をぬるま湯で溶き、5に加えて混ぜる。⑦ 3に6を加えて和える。

材料　れんこん、ピーナッツペースト、カシューナッツペースト、万能たれ（P21参照）、粉辛子

コツ
- れんこんは、十分やわらかくなるまで蒸し煮したほうがおいしいです。
- ピーナッツとカシューナッツの割合は、濃厚な感じにしたいときはピーナッツを、あっさりめにしたいときはカシューナッツを多めにするといいでしょう。また、どちらかだけでも十分おいしくなります。
- 粉辛子は入れなくてもおいしくできますが、加えることで大人の味わいに仕上がります。量はお好みで。
- れんこんは厚切りのほうがおいしいかなと思いますが、かむのが困難な方は薄切りにしても。

れんこんの炊き込みご飯　｜ 9〜3月

① れんこんを薄いイチョウ切りにする。② しめじは1cmほどの長さに切る。③ 鍋に1、2、にんにく1片丸ごとと煮干し出汁を入れ、フタをして蒸し煮にする。④ れんこんがすっかり透き通ったら、塩を加えて味をととのえ、醤油を少々加える。⑤ ザルとボウルを使って具材と煮汁に分け、粗熱をとる。⑥ 米は2〜3回水で洗い、ザルに上げて水切りし、炊飯器に入れて5の煮汁と水を加えて炊く。⑦ 炊き上がったら5の具材を上にのせ、しばらく蒸らしてからよく混ぜる。

材料　れんこん、しめじ、にんにく、煮干し出汁、塩、醤油、5分づき米

コツ
- 中くらいのれんこん1節に対して、米2〜3カップの割合。具材が多いかなと思うくらい使ったほうが断然おいしいです。しめじをえのきたけにかえてもOKです。
- 5分づき米は、白米と同じ感覚で食べられます。白米でもOK。炊飯器に加える煮汁と水の量は、お使いの炊飯器のガイドに沿って入れてください。5分づき米のときは少し多めのほうがふっくら炊けます。
- 具材をあらかじめ蒸し煮しておくのは、具材のおいしさを存分に引き出すとともに、その煮汁の旨みでお米を炊くためです。時間の都合などで、生のままの具材とお米を同時に炊くのもアリですよ。
- 炊飯器は「電子ジャー」タイプの、もっともシンプルなものがオススメ。もちろん土鍋で炊いていただけましたら、最高の炊き込みご飯ができます。(水加減はP47参照)

ごぼうとれんこんの煮物 プルーン仕上げ

11〜3月

① ごぼうは3cm長さに、れんこんは2.5cm厚さのイチョウ切りにする。② 1とにんにく1片丸ごとを鍋に入れ、水を加えてフタをして蒸し煮にする。③ 具材に火が通って余分な水分が残っていたら、フタを取って水分を飛ばす。④ にんにくを取り出し、塩を加えてよく混ぜる。続いてオリーブオイルを加えてよく混ぜ合わせる。⑤ プルーンピュレを加えてよく混ぜ、最後に醤油をほんの少し加えて混ぜ合わせる。

材料　ごぼう、れんこん、にんにく、塩、オリーブオイル、プルーンピュレ、醤油

コツ
- 蒸し煮をするときの水の量は、全体のカサの1/3以下でできます。ご自分の鍋と火加減の様子をみながら調整してみてくださいね。フタをするので案外少ない水でできるのです。
- ごぼうもれんこんもよく火を通したほうがこの料理には向いています。火を止めて余熱を使うのもOKです。
- プルーンピュレがないときはドライプルーンを熱湯に浸し、やわらかくなったら水分をキッチンペーパーなどで取り、包丁で切るようにしてよくたたくとピュレ状になります。

ごぼうの煮物 梅酢仕上げ ｜ 11～3月

① ごぼうを4cmほどの長さに切り、さらに縦2～4等分に切る。② 鍋に1を入れ、かぶるくらいの水、梅酢を加え、フタをして蒸し煮にする。③ ごぼうに火が入ったら練り梅を加えてかき混ぜ、さらにじっくり煮る。④ ごぼうがすっかりやわらかくなったら火をやや強くして煮汁をからませるように仕上げる。

材料　ごぼう、梅酢、練り梅

コツ
- 煮上げたごぼうは入れ歯の人でもかめるくらいのやわらかさです。パクパクといっぱい食べられてしまうので、1～2人分でもごぼう1～2本くらいの量を一度に作ってみてください。そのほうがおいしく出来上がります。
- 練り梅がないときは梅干しの種を取って包丁でたたいたものでも大丈夫です。梅酢は何年も保存できるので常備して、おむすびを握ったり、煮物に塩っけをちょっと足したりするときに使うと味が引き締まります。

ごぼうと
長ねぎの蒸し炒め ｜ 11〜3月

① ごぼうは4cm、長ねぎは3cmほどの長さに切る。② 鍋にオリーブオイルを回し入れ、1を入れてよくかき混ぜ、オイルを全体に行き渡らせてからフタをして火にかける。③ ボウルにおろししょうが、醤油、バルサミコ酢を入れ、混ぜ合わせておく。④ ごぼうにすっかり火が通ったら、具材をドーナツ状に脇に寄せ、鍋底をあけて3を入れる。⑤ 火をやや強くして全体に回るようによくかき混ぜ、調味料がごぼうと長ねぎにすっかりからまったら出来上がり。

材料　ごぼう、長ねぎ、オリーブオイル、おろししょうが、醤油、バルサミコ酢

コツ
- おろししょうが、醤油、バルサミコ酢を合わせたものを鍋に入れるときは少しずつ入れ、混ぜながら加減をして、余ったらビンなどに入れて冷蔵しておくといろいろに使えます。たとえば、蒸した豆腐にかけたりとか。
- ごぼうは太いものは縦に2〜4等分に切ってください。
- 長ねぎがくたくたになるくらいがおいしいですよ。

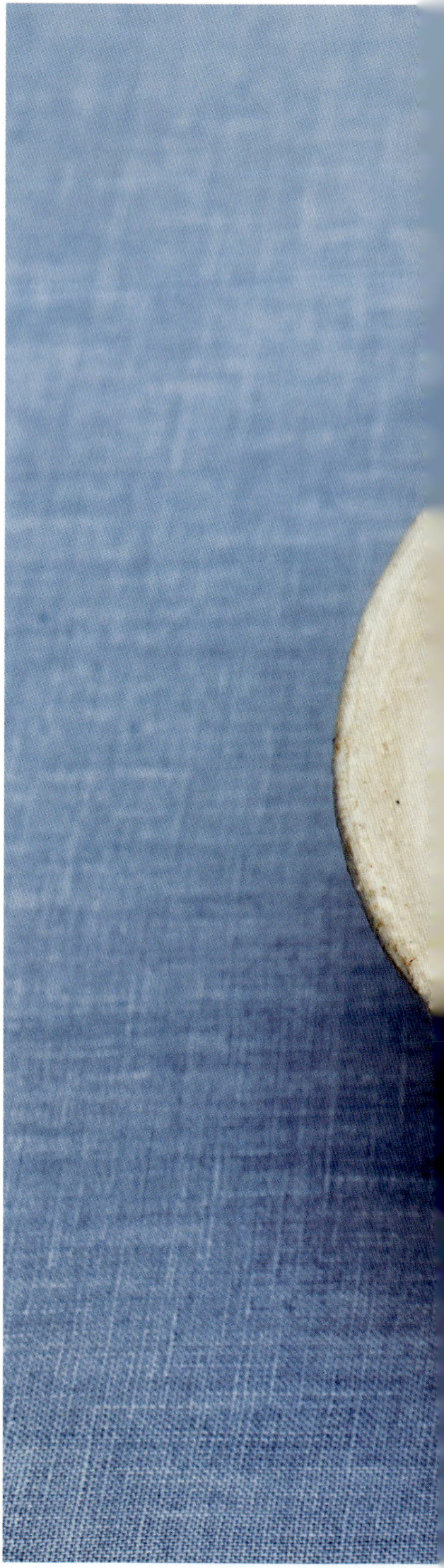

きゃべつと にんじんのポトフ

11～2月

① キャベツは１玉を４～６等分に切り分ける。② にんじんはできる限りそのまま、大きいものは大ぶりに切る。③ にんにくを薄切りにする。④ 鍋にたっぷりオリーブオイルを回し入れて、オイルから湯気がふわっと見えてきたら３を入れ、かき混ぜながらカリッとするまで炒める。⑤ いったん火を止め、1、2、鰹出汁を順に入れ、フタをして弱火でコトコト煮る。⑥ 具材がやわらかくなったら火を強め、塩を加えて味をととのえる。

材料　キャベツ、にんじん、にんにく、オリーブオイル、鰹出汁、塩

コツ
- にんにくはキャベツ１玉に対し、３～５片ほど、多いかなと思うくらい用意してください。
- 薄切りにしたにんにくを炒めるときは焦がさないように、でもカリカリになるくらいよく炒めてください。
- 炒めにんにくと鰹出汁が出合うと、不思議とおいしそうなベーコンフレーバーが立ちます。

大根のせん切りサラダ

10～2月

①大根を薄切りにして並べ、さらにせん切りにする。②ボウルに移し、塩を加えて手でよく混ぜ合わせる。③玉ねぎをスライサーなどで薄く切る。④大根がしんなりしてきたら、3を加えて混ぜ合わせる。⑤オリーブオイルを加えてよく混ぜ合わせる。⑥最後にフラックスシードオイルを加えてよく混ぜ合わせる。

材料　大根（青大根）、塩、玉ねぎ、オリーブオイル、フラックスシードオイル、醤油（手元で加えながら食べる）

コツ
- 大根を薄切りするときは輪切りで、太い大根のときは半月に切って切り口を下にすると安定してラクに薄く切れます。
- 大根と玉ねぎの割合はお好みでどうぞ。
- フラックスシードオイルを使うとコクが出ておいしいので、ぜひ使ってみてください。

にんじんと切り干し大根のきんぴら ｜ 通年。食べてほしいのは秋から冬

① 切り干し大根を水でもどしておく。② にんじんを斜め薄切りにしてから並べ、せん切りにする。③ 鍋にオリーブオイルを回し入れ、1をよく絞ってほぐして加え、よくかき混ぜてオイルが全体に行き渡ったらフタをして蒸し炒めをする（時々かき混ぜる）。④ ややして2を加えてよく混ぜ合わせ、蒸し炒めを続ける。⑤ にんじんに火が通ったら醤油を水で割って加え、かき混ぜる。続いて香醋を加えてかき混ぜながら仕上げる。

材料　切り干し大根、にんじん、オリーブオイル、醤油、香醋

コツ
・にんじんのせん切りは、切り干し大根の太さと合わせると食べやすくきれいな仕上がりになります。
・仕上げのときは、調味料を具材にからませるようにするとおいしくなります。
・香醋はほんの少しでもいいですし、しっかり酸味をきかせるまでお好みで使ってみてください。

大根のソテー きのこ葛ソースかけ ｜11～2月

① 大根を厚めの輪切りにする。② 鍋にオリーブオイルを回し入れ、火にかける。オイルから湯気がふわっと見えてきたら、1を加えてソテーする。焼き色がついたら返す。③ 両面に焼き色がついたら、大根が隠れるくらいまで昆布出汁を加え、フタをして蒸し煮にする。④ きのこは石づきを切り取り、しめじは1本ずつにほぐし、えのきは長さ3等分に切って株元をバラバラにして加え、蒸し煮を続ける。⑤ 大根にすっかり火が通ったら大根を取り出して器に盛り、煮汁に塩と醤油を加えて味をととのえる。⑥ 仕上げに溶き葛粉を加え、よく火を入れてとろみをつける。⑦ 大根に6をかける。

材料　大根、しめじ、えのきたけ、オリーブオイル、昆布出汁、塩、醤油、溶き葛粉

コツ
・大根を返すのは、フライ返しよりトングのほうが扱いやすいです。
・ソテーが億劫な場合は、はじめから蒸し煮にしてもいいですが、ソテーをすると風味とコクが出て一層おいしくなります。
・きのこは1種類でも、お好みのものを使ってもOKです。
・溶き葛粉のとろみはお好みで、トロリからドロリまでいかようにも。寒いときは濃いめがおいしく感じます。また、葛粉が体をあたためてもくれます。

大根の蒸し炒め 味噌仕上げ ｜11～2月

① 大根を乱切りにする。② 鍋にオリーブオイルを回し入れ、1を加えてかき混ぜ、大根全体にオイルを行き渡らせる。③ 2を火にかけ、フタをして蒸し炒めにする。時々かき混ぜ、大根にじっくり火を入れる。④ ボウルに味噌を入れ、万能たれ、おろしにんにく、バルサミコ酢を加えて混ぜ合わせる。⑤ 大根にすっかり火が通ったら鍋底をあけて4を加える。⑥ ややしてからヘラで鍋底に味噌をこするようにしながら火を入れ、大根と混ぜ合わせていく。

材料　大根、オリーブオイル、玄米味噌、万能たれ（P21参照）、おろしにんにく、バルサミコ酢

コツ
・大根は細長めの乱切りにすると火の通りもはやく、食べやすいです。
・万能たれにはおろしにんにくが入っていますが、調理のときにお好みで、さらにおろしたてを入れてにんにくの風味を出すと食が進みます。
・玄米味噌に加える万能たれは多めにし、味噌がとろりとするくらいの感じに仕上げていますが、季節や好みにより加減はお好きに。
・熱々もおいしいですが、冷めてもおいしいのでお弁当にも。

かぼちゃと
にんじんのサラダ ｜ 10〜3月

①かぼちゃとにんじんを2cm角大に切ってそれぞれクッキングシートで包み、水をはった鍋に入れてフタをして蒸す。②1をボウルに入れ、熱いうちにオリーブオイルを加えて混ぜる。③2に塩を軽くふり入れる。④別のボウルに粒マスタード、塩、3mm角に切った干しイチジクを入れ、オリーブオイルとアップルビネガーを加えてよく混ぜ合わせる。⑤4を3に加え、よく混ぜ合わせる。

材料　かぼちゃ、にんじん、オリーブオイル、塩、
粒マスタード、干しイチジク、
アップルビネガー

コツ
- かぼちゃとにんじんを蒸すときは、水を鍋に2〜3cmくらい入れ、それぞれを包んで蒸します。もう1枚クッキングシートを用意して鍋に敷き、その上に2つの包みを置くと、具材に水が入らず、蒸す時間にズレがあっても火が通ったのものから取り出しやすいです。
- オリーブオイルはかぼちゃに吸わせるくらいの感覚でたっぷり加えるとおいしさがアップします。
- 干しイチジク以外に、お好みのドライフルーツでもOKです。

長ねぎのソテー 味噌仕上げ ごま添え | 10～3月

① 合わせ味噌を作ります。ボウルに味噌を入れ、醤油を少しずつ加えてかき混ぜ、続いてバルサミコ酢を少しずつ加えてかき混ぜる。② 長ねぎを5cm長さに切る。③ 鍋にオリーブオイルを回し入れて火にかけ、オイルから湯気がふわっと見えてきたら2を加えてかき混ぜ、フタをしてソテーする。④ 長ねぎに8割ほど火が通ったら1を加えて火を強め、かき混ぜながら仕上げる。⑤ 器に盛りつけ、炒った黒胡麻を散らす。

材料　玄米味噌、醤油、バルサミコ酢、長ねぎ、オリーブオイル、黒胡麻

コツ
- 味噌はお好みのものをお使いください。2～3種合わせても。
- 長ねぎのソテーは両面焼きにしてもいいですし、片面焼きでもOKです。
- 合わせ味噌を鍋に加えるときは火加減をやや強くし、味噌にしっかり火が入るようにするとよりおいしくなります。
- 長ねぎは思っている以上にいっぱい食べられるので、1人1本以上を用意して調理してみてください。冷めてもおいしいですよ。

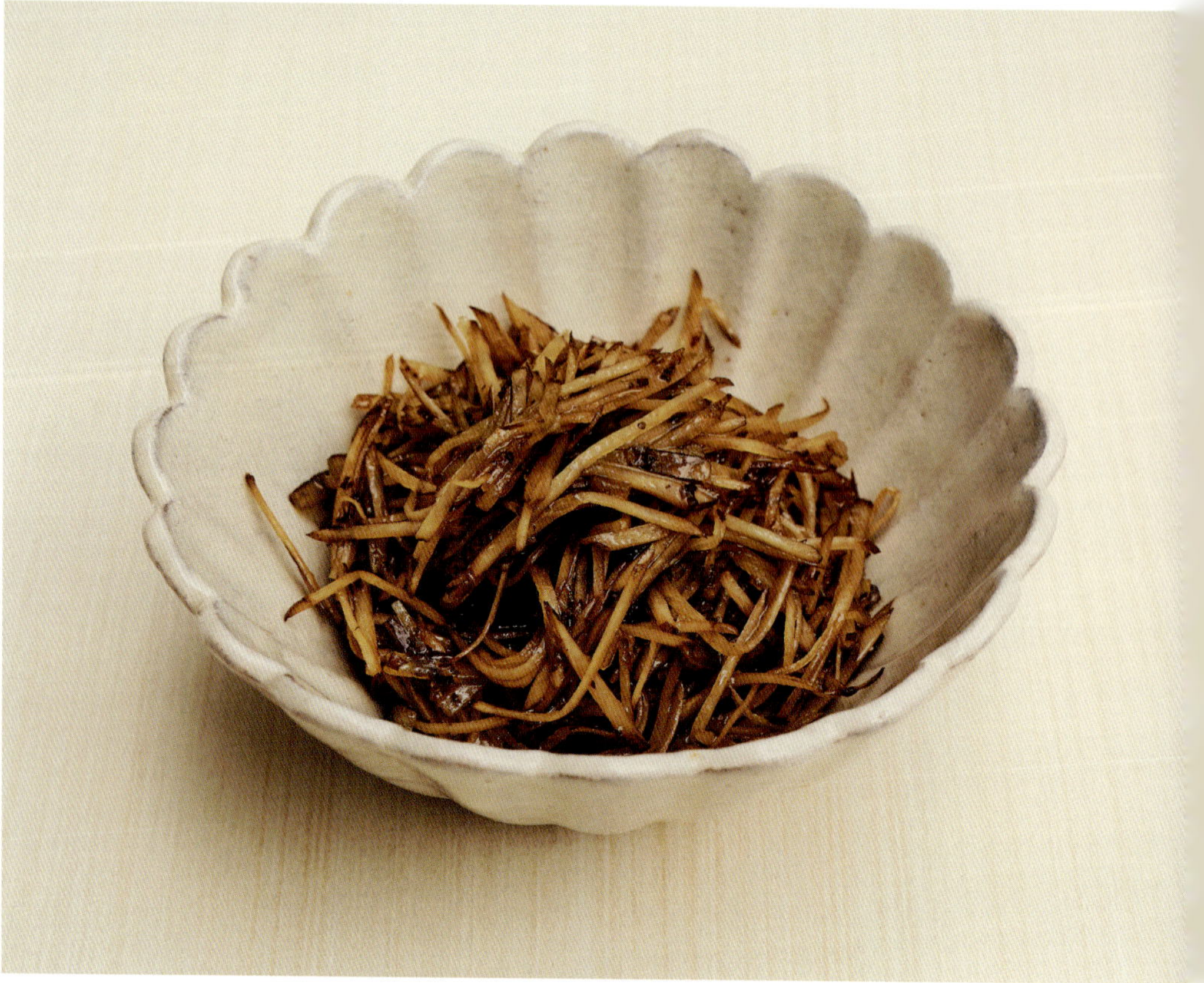

ごぼうと出汁昆布のきんぴら ｜ 11〜3月／4〜6月（春ごぼう）

① ごぼうを斜め薄切りにして並べ、さらにせん切りにする。② 出汁をとった後の昆布をせん切りにする。③ 鍋にオリーブオイルを回し入れ、1を入れる。オイルが全体に行き渡るようにかき混ぜ、フタをして火にかけ、蒸し炒めにする。④ 時々フタを取ってかき混ぜる。⑤ ごぼうに火が通ったら2を加えてかき混ぜ、ややしたら醤油を昆布出汁で割って加える。⑥ 汁けをごぼうにからませるようにかき混ぜながら、汁けがなくなるまで火を入れ続ける。

材料　ごぼう、出汁をとった後の昆布、オリーブオイル、昆布出汁、醤油

コツ
・出汁をとった後の昆布は日々冷蔵庫にためおき、ある程度の量になったら冷凍保存しておくと便利です。
・醤油を昆布出汁で割るときは、少し醤油が足りないくらいを目安にして加えます。鍋中の汁けがなくなる前にごぼうの味をみて、足りないときは醤油を直に少し足すと調整しやすいです。
・お好みで鷹の爪など辛みを少し加えても。
・ごぼうも昆布も食物繊維が豊富。いっぱい作って召し上がってください。作り置きの場合は醤油を少し多めにすると日持ちします。

煮ごぼうのえごま和え ｜11〜3月

① ごぼうを大きめの乱切りにする。② 鍋に1を入れて水を加え、フタをして蒸し煮にする。③ ごぼうに火が通ったらごぼうをボウルに移し、熱いうちにオリーブオイルを加えてよく混ぜ合わせる。煮汁は取っておく。④ 続いて塩を加え、よく混ぜ合わせる。⑤ 醤油をごぼうの煮汁で割って4に加え、混ぜ合わせる。⑥ えごまを軽く火であぶり、すり鉢に入れてすりこぎ棒でする。⑦5に6を少しずつ加えて和える。

材料　ごぼう、えごまの実、オリーブオイル、塩、醤油

コツ
- ごぼうを蒸し煮するときの水加減は、ごぼうのカサの7〜9割くらいの量を目安に。
- ごぼうの煮汁は味わい深いので出汁のかわりに使います。
- 塩をベースにしていますが、塩と醤油の分量比はお好みで逆転しても。
- えごまの実のほかに黒胡麻、白胡麻で和えても合います。
- えごまの実は生のまま食べられますので、火にかけるときはさっとあぶる程度で。あぶることで香りが立ち、おいしさが増します。

白菜と金針菜、
高野豆腐の蒸し炒め 葛寄せ ｜ 11〜2月

① 高野豆腐を湯に浸し、もどしておく。② 金針菜を水に浸し、もどしておく。③ 白菜を3〜4cm幅に切る。④ 鍋にオリーブオイルを回し入れ、3を入れてよくかき混ぜ、オイルが全体に行き渡ったらフタをして火にかけ、蒸し炒めにする。⑤ 白菜に8割ほど火が通ったら、2の水分を絞って加え、かき混ぜる。続いて1を1.5cm幅くらいに切って加え、かき混ぜてから蒸し炒めを続ける。⑥ 全体がくったりとしてきたら醤油を何度かに分けて加え、そのつどかき混ぜる。⑦ オイルと醤油が全体になじんできたら香醋を加えて混ぜ合わせる。⑧ 溶き葛粉を加えてよくよくかき混ぜながら仕上げる。

材料　白菜、高野豆腐、金針菜、オリーブオイル、醤油、香醋、溶き葛粉

コツ
- 高野豆腐は、のびのびもどるように広いバットなどでもどしてください。
- 金針菜は切って使っても OK です。
- 金針菜のもどし汁はボトルに入れ、冷蔵してベジブロスとして使えます。
- 香醋のかわりに白バルサミコ酢、バルサミコ酢、アップルビネガーなどでも。

白菜と里芋のポタージュ ｜ 11〜2月

① 白菜をざく切りにして鍋に入れる。② 1ににんにくを1片丸ごとと水を加え、フタをして蒸し煮にする。③ 白菜に火が通ってカサが減ってきたら、里芋の皮をむき1cmほどの厚さの輪切りにして加え、フタをしてともに蒸し煮にする。④ 里芋がすっかりやわらかくなったら火を止め、ハンドブレンダーなどでピュレ状にする。⑤ 器に盛り、手元で各自塩を一口ずつ加える。

材料　白菜、にんにく、里芋、塩

コツ
- 時間の余裕があったら、弱火でひたすらじっくり火を通すと白菜のおいしさが深まります。
- 白菜はびっくりするくらいの量を入れても、火を通すとカサが減りますので2人分で半玉くらいは使ってください。
- 里芋が多いとよりとろっとした、優しい味わいのポタージュになります。
- にんにくは入れなくてもいいですが、加えると深い味わいに。蒸し煮のときに入れ、ハンドブレンダーをかけるとき取り出してもOKです。

かぶのレモン和え　10～1月

① かぶを厚めに切って塩を軽くふっておく。② レモンは5㎜厚さのイチョウ切りにする。別途果汁をしぼる。③ 1のかぶから出てきた水分を切り、オリーブオイルを加えてよく混ぜ合わせる。④ 3に2のイチョウ切りと果汁を加えてよく混ぜ合わせる。

◎材料　かぶ、レモン、塩、オリーブオイル

◎コツ
- 急ぐときはかぶにふる塩を少し多めにすると、はやく水分が出ます。かぶから水分が出てくるまで待って、レモンと合わせるとおいしくなります。
- かぶを厚めに切ってバリバリ食べるのが楽しい料理ですが、薄く切ってかぶをしんなりさせてもまた別なおいしさが味わえますのでお好みで。

里芋の蒸し物 白味噌仕上げ

10～3月

① 里芋の皮をむき、1.2㎝幅くらいの輪切りにする。② 鍋に水をはり、1をクッキングシートに包んで入れ、フタをして蒸す。③ 2が蒸し上がったらシートごとザルにとり、冷ましておく。④ ボウルに白味噌を入れ、オリーブオイルを少しずつ加えて混ぜ合わせる。続いてフラックスシードオイルを加え、混ぜ合わせる。⑤ 白バルサミコ酢を少しずつ加え、よく混ぜ合わせる。⑥ 昆布出汁を少しずつ加えて混ぜ合わせる。⑦ 3を加えてざっくり混ぜ合わせる。

材料 里芋、白味噌、オリーブオイル、フラックスシードオイル(レモンフレーバー)、白バルサミコ酢、 昆布出汁

コツ
- 里芋の皮はまず側面をむいてから天地をまな板の上で切り取るときれいにむけます。皮は厚くむいてください。
- オイル類の量は、味噌になじんでいく感じを確認しながら少しずつ加えると適量がわかります。
- レモンフレーバーのかわりに柚子果汁などを加えても。
- 昆布出汁のかわりにおいしい水でもOKです。

ひじきの炒め煮 ｜いつでも

① ひじきを水に浸してもどし、ザルにとって水けを切る。② にんじんを斜め薄切りにして並べ、さらにせん切りにする。③ えのきの石づきを切り取り、長さを半分に切ってから手で株元をバラバラにしておく。④ 鍋になたね油とオリーブオイルを半々くらいの割合で回し入れ、1、2、3を入れてよくかき混ぜ、オイルが全体に行き渡ったらフタをして中火にかけ、蒸し炒めにする。⑤ 時々かき混ぜ、全体にしんなりしてきたら油揚げを横3等分、幅3㎜ほどに切って加え、かき混ぜる。⑥ 油揚げがなじんできたら昆布出汁と醤油を合わせて加え、フタをして蒸し煮にする。⑦ 全体に調味料がなじんでふっくらしてきたら、フタを取って火を強め、かき混ぜながら汁けをからませる。汁けがほぼなくなってひじきなどにツヤが出てきたら出来上がり。

材料　ひじき、にんじん、えのきたけ、なたね油、
オリーブオイル、油揚げ、昆布出汁、醤油

コツ
・ひじきと同量くらいたっぷりとにんじんを入れるとおいしいです。ひじきとほかの具材がほぼ同量、これがよりおいしく作る目安です。
・昆布出汁がないときは、水と醤油を合わせたものでもOKです。ベジブロスなどを使っても。
・ひじきははじめに水の中で回転させ、全体に水を回してから浸すとまんべんなく、はやくもどります。
・オイルはなたね油、オリーブオイルのどちらかだけでもOKです。なたね油はコクが出て、オリーブオイルはさっぱりな感じで仕上がります。お好みでどうぞ。

芋団子きな粉まぶし　11～1月

① 八頭を適当な大きさに切り分け、蒸す。② 蒸し上がったら皮をむき、熱いうちにすりこぎ棒などでマッシュポテトを作るようにつぶす。③ つぶしながら軽く塩を加える。④ 冷めないうちに3を直径4cmほどの団子状に丸める。⑤ きな粉に塩を加えて混ぜ、4を入れて転がしながら団子にまぶす。

材料　八頭、黒豆きな粉、塩

コツ・八頭を蒸すときは、クッキングシートを使う場合は3～4cm角のサイズに、圧力鍋を使うときは大きめに切るほうがほっくり蒸し上がります。
・八頭のほか、唐の芋やさつま芋などでもおいしくできます。
・きな粉は黒豆でなくてもOKですが、甘さが際立っている黒豆のほうがオススメです。手に入るようでしたらぜひお試しを。
・きな粉に加える塩は、味をみながら、きな粉の味わいを引き出す感じで使ってください。

里芋ときのこの汁物 | 10～3月

① 里芋の皮をむき、1cm厚さほどの輪切りにする。ひらたけは１本ずつに分けておく。② 鍋に１と煮干し出汁を入れ、フタをして蒸し煮にする。③ 別の鍋に水をはり、豆腐を切り分けてクッキングシートに包み、蒸す。④ 里芋が透き通ったら塩、醤油で味をととのえる。⑤ 溶き葛粉を加え、汁に透明感とツヤが出るまで火を入れ、３を加える。

◎材料　里芋、ひらたけ、煮干し出汁、豆腐、塩、醤油、溶き葛粉

◎コツ
- 煮干し出汁は、具材を蒸し煮するときに同時にとってもいいです。その場合はふきこぼれに注意してください。煮干しは沸騰から15分くらい沸騰状態をキープするとおいしい出汁がとれます。いずれにしても里芋はふきこぼれに要注意です。
- 塩と醤油の塩分加減は半々の割合ですが、塩ベースで醤油少々のあっさりもアリです。
- 豆腐は崩れるので別途蒸して加えていますが、崩れてもかまわなければ溶き葛粉に火が入った時点で豆腐を加え、あたたまればOKです。
- ひらたけを、しめじやえのきたけにかえてもおいしいです。

コラム②　作っておくと、料理の味わいがよくなるもの

しょうがの酢漬け

取り引き先の畑から届くしょうがは、夏の終わりから秋にかけて。新しょうが、ひねしょうがの出回る時期はほんの短い間です。最近は農家で一年中出荷できる保存術も確立しているようですが、それを手に入れたとしても家でコンディションよく長く保存するのは大変です。

乾燥させるのもひとつ、これは体をあたためる効果も出るのでよいのですが、フレッシュなままもたせる酢漬けにしてみました。そのまま食べてもいいし、和え物に加えてもよく、加熱調理にも使えて重宝します。きちんと塩をして、たっぷりの酢を使えばうまく出来上がります。使い勝手は違いますが、せん切りではなく薄切りでも大丈夫です。

しょうがの酢漬け

① しょうがを繊維に沿って薄く切って並べ、さらにせん切りにする。② 1をボウルに入れ、塩を加えて手で混ぜ合わせる。③ しんなりしてきたら白バルサミコ酢をたっぷり加えてよく混ぜ、汁ごとビンなどに入れ、冷蔵室で保存する。

おわりに

あんなに食べることに興味がなく、食事どきも箸が進まず、つついているだけの私に、父から「そんなに食べ物で遊んでいると、将来ごはんを食べられない人間になる。はやく食べなさい」と言われていたのがウソのように、東京での学生時代から嬉々として食べ、自分でも進んで料理をするようになっていました。

料理法は、ほんとにシンプル。北海道で暮らしていた子供時代のおやつは母が作ったじゃがいもやかぼちゃを蒸してバターだけなど、素材そのものがおいしいので、凝った料理をする必要がなかった環境にいたおかげかもしれません。

ニューヨークに一年ほど暮らしていたとき、6週間ほど、バックパックを背負ってヨーロッパ一人旅をしました。当初の目的だった美術館巡りはそっちのけで、各地の市場、マルシェを回って歩いていました。レストランでは片言のワンフレーズ「今日の定食をください」だけで、食べ歩いていましたが。どれもほんとに心の底からおいしかった！　ニューヨークでもチャイナタウンで魚を買ったり、日曜にはファーマーズマーケットに行ったりと、食生活はなかなか充実していました。

帰国後、日本のものを食べると何だか物足りない。心の底から「あ〜、おいしい！」にならない。日本の食文化は世界一でしょう!?と思っているのに。そんなとき、近所の自然食品店で買った、シナシナのほうれん草を洗ってゆでてみると、おいしい！

それですっかり〝無農薬有機栽培はおいしい！〟がインプットされ、そういう食材を求めるようになりました。それから私の元々のシンプル料理が友人たちからもさら

に好評になり、ついに無謀にもケータリングサービスで食を仕事にしてしまいました。仕事で作る料理も、家で作る料理も同じこと。自分がおいしいと思える食材をシンプルに料理し、おいしく召し上がっていただくだけ。

連れ合いがサラリーマンだった時代、家での食事班と仕事と、料理をし続けてきて、気がつくと、あんなに体力がなく根気がなかった私が、年々元気になってきて、歯医者さん以外の病院とも薬ともご無沙汰な暮らしが35年!も続いています。レストラン時代のお客様からは「ここで食べた翌日は調子がいいんだよ、翌日のゴルフはスコアがのびるよ」との声をいただいたり、食べ物教室の生徒さんたちからも「頭痛、生理痛がなくなった」「長い間待ち望んでいた妊娠に至った」というふうに、それはそれほど長い期間ではないのに、食べ物でみんな元気に健康に向かっていくのです。

私の日々のごはんは、じゃがいもを蒸してバター、に替えオリーブオイルと塩でマッシュポテトに。ゆで上げ青菜にオリーブオイル、食べるときに手元で醤油。ごぼうを蒸し煮にして、ピーナッツペーストで和えるだけ。さらに忙しいときは、生たまごかけご飯とたくあんだけ、ということもあります。とにかく、どれもそんなにフクザツな料理ではありません。いわば、素材、食材に頼った料理。無農薬有機栽培や無肥料栽培の野菜が理想ですが、一般的な栽培の野菜でも、その野菜が本来育つ時季のものは農薬の散布回数も少なく、のびのび育っているので、細胞レベルで元気でおいしいのです。

自分や身近な人ではなく、顔の知らない誰かが作った料理やパッケージされた食べ

物は、残念ながら食べ物以外のものを使い、工夫されすぎているため、本質的に舌を喜ばせる食べ物ではなくなり、心にも体にもさまざまな弊害が少なくありません。
まず塩から、次に醤油、味噌、そしてオイル類を質のよいものに変え、季節の野菜で料理を始めてみてください。ご飯も忘れずに炊いて！

オール外食だった男性が、食べ物の力で体をオーバーホールする目的の、私が主宰している8日間集中講座を受講された後、まったく料理をしたことがない、しかも忙しいのに、週に一度はスーパーで野菜を買って、炒めて食べているとのこと！「調子いいんですよ」とのこと！　できることから、できるときに少しずつ自分で料理をして食べるということを始めるだけで、いつからでもいくつからでも体はこたえてくれます。

私たちの体の60兆個ほどの細胞から成る肉体は、口から入る食べ物からできているのですから、何を選び、食べるかは、どういう人になるかをにぎっています。体もすこやかで、心も落ち着いて人生を楽しむことができる根本は食にあります。

本書を利用してみなさまも心からおいしく、そして体も元気、心も穏やかな日々を手に入れて欲しいなと心から思います。

末文になりましたが、前著『生きるための料理』『腸がよろこぶ料理』（リトルモア発行）の、心が通った同じ制作スタッフ有山達也さん、長野陽一さん、赤澤かおりさんとで、一年にわたる本作りができましたことは幸せなことでした。また、朝日新聞

出版の森香織さんにも大変お世話になりました。
最後に、今では私の留守には一人で料理をして、帰ると手料理で出迎えてくれる連れ合いの中岡久、いつも公私共に支えてくれ、本書作りにも尽力してくれたみきちゃん。身近な二人にありがとう！

たなかれいこ